神秘與激情的澎湃交流

太平洋島嶼的智慧

曹峰　著

前言 FOREWORD

神祕與激情的澎拜交流

太平洋島嶼地理及文化意義上的界定

太平洋是地球上最為遼闊的海洋，它位於亞洲、北美洲、南美洲和南極洲之間；由澳大利亞、紐西蘭及美拉尼西亞、密克羅尼西亞、波利尼西亞群島所構成的大洋洲也被包括在太平洋中間。太平洋東西之間最長的距離，從巴拿馬到中、南半島的克拉地峽（泰國連結馬來半島的地區），為一九九○○公里；南北之間最大的寬度，從白令海峽到南極洲附近的羅斯冰障，約為一五九○○公里，總面積達一七九六七‧九萬平方公里？占全球總面積的三五‧二％，占海洋總面積的四九‧八％。比陸地總面積之和還大五分之一。

如此浩瀚的海洋，孕育和誕生了大約兩萬多座島嶼，其中既有名列譽界第二的大島──新幾內亞島，也有如巴掌大的珊瑚礁石。這些島嶼總面積為四四○多萬平方公里，占世界島嶼總面積的四五％。四大洋中以太平洋所擁有的島嶼最多。

太平洋島嶼主要集中於兩大地區，一是環太平洋地區，一是中、南太平洋地區。環太平洋的島嶼多為大陸島，它是大陸近海部分沈陷及海水浸入漸與大陸分離而形成的，在地理構造上與其鄰近的大陸相似。如美國的阿留申群島，俄羅斯的薩哈林島（庫頁島），日本群島，台灣島、海南島，印度尼西亞的

異他群島及菲律賓的一些大島等等。當然也存在有火山島和珊瑚島，如南海群島，印度尼西亞及菲律賓的許多小島。中、南太平洋地區指的是太平洋中部及南部、赤道及回歸線南北的浩瀚海域，在地區劃分上屬於大洋洲。那裡，除了一塊孤懸的大陸——澳大利亞外，還有一萬多座大大小小如翡翠般星羅棋布，點綴其間的島嶼。這些島嶼中，除了靠近澳大利亞的塔斯馬尼亞群島，紐西蘭的南烏、北島，新幾內亞島，所羅門群島為大陸島外，絕大多數為火山島和珊瑚島。火山島由海底火山噴發出的堆積物露出海面形成，往往地勢高峻、風光優美，以夏威夷群島最負盛名。珊瑚島由珊瑚蟲遺體逐漸堆積，露出海面形成，面積不大，幾乎與海面平行，密克羅尼西亞群烏就是典型的珊瑚島。

從廣義上講，太平洋島嶼應包括亞洲、南北美洲、澳大利亞、南極洲之間的所有太平洋中部以及太平洋沿岸的島嶼。而狹義上，太平洋島嶼僅指太平洋中部、南部那個島嶼套島嶼的群島世界。它屬於大洋洲，總面積約為一二九萬平方公里？約占大洋洲陸地面積的一四·四％（澳大利亞為大洋洲的主要部分，幾占全面積的八五％）；人口總數約為八八〇萬，占大洋洲人口總數的三七％。

作為一本描述太平洋島嶼智慧的書籍？似乎應從廣義上全面介紹所有太平洋島嶼的文化和智慧。但事實上，這既做不到，也無必要。生活在大大小小數千座太平洋島嶼（雖然太平洋島嶼總數為兩萬多座，但大多數是人類無法居住的）上的居民，其民族、語言差異極大，文化面貌呈現出極其豐富的多樣性，很難將其統一歸類。再則，既然此書意介紹島嶼上的文化

智慧，則有必要強調其所由誕生的與海洋密切相關的島嶼文明。環太平洋諸島，無論從自然環境，還是從歷史淵源觀察，都與大陸有著千絲萬縷的關係，農耕較之漁捕的色彩更為濃厚。進入現代，由於紛紛加快工業化的步伐，社會面貌大異，所謂島嶼文明的影響更為淡薄，日本就是典型的例子。在歷史上，日本的文化深受大陸影響，而現代則一躍成為世界科學文明發達的國家，日本的智慧有必要專列一書，而難以列在太平洋島嶼智慧之中。台灣和海南島居民，其祖先與華夏民族同出一脈，其文化智慧完全可視為中華文明的一部分，而少自身特色。印度尼西亞、馬來西亞、菲律賓、新加坡等環太平洋島國也一樣，在悠久的歷史中，它們形成了自成一體的文化傳統；在現代文明衝擊下，其傳統文化又發生劇烈變異，其複雜的文化特徵，其獨特的智彗憎表現，都有必要專著他書，而不當加入本書之列。

另外，在此必須強調的是，本書寫作的宗旨在於，通過對太平洋島嶼文明的描述，通過與現代其他文明的比較，以理解、突出太平洋島民的智慧。島嶼的文明受制於以下的基本條件：即居住的環境被海洋包圍，食物來源較多地取自於海洋，以海洋為重要的活動天地，或者說由於海洋的隔絕，只能以封閉的島嶼內陸為生活天地。由於與外界缺乏交流，文化保持濃厚、強烈的個性。符合這些條件的島嶼主要集中在大洋洲地區。在外來文明侵入之前，那裡的土著居民仍處於相對落後、甚至於被稱為原始的社會發展狀態之中；直至現代？也屬於世界上最不發達的國家和地區之一。

因此，一言以蔽之，本書的重點就在於介紹具有海島文明

特色的大洋洲島嶼文明及其智慧。當然，屬於澳大利亞、紐西蘭、印度尼西亞、菲律賓的一些土著居民，如果其文化現象與本書宗旨相關，呈現出典型的海島文明傾向，也會加以引用。例如，紐西蘭的土著居民毛利人，他們與波利尼西亞島民就有著血脈相連的關係。

太平洋島嶼上存在著智慧嗎？

在回答這個問題之前，有必要首先回顧一下太平洋島嶼的發現史。在歐洲近代史地理大發現的過程中，中、南太平洋，亦即大洋洲這片聖潔的區域開始逐漸被歐洲人的航船涉足。

最早進入大洋洲並開闢航路的是葡萄牙航海家麥哲倫。一五二〇～一五二一年間，他通過美洲大陸最南端的麥哲倫海峽，首次到達了密克羅尼西亞地區的馬里亞納群島。在他之後，西班牙人、葡萄牙人、荷蘭人接踵而來，陸陸續續發現了大洋洲地區一些重要島嶼及大陸，如所羅門群島、新赫布里底群島、新幾內亞島、中途群島、澳大利亞、斐濟、紐西蘭、塔斯馬尼亞島等等。

促使歐洲人對大洋洲地區進一步詳盡了解的是出類拔萃的英國探險家庫克船長，他在一七六八、一七八〇年之間登上了大洋洲幾處主要島嶼，如東加、夏威夷等地，對大洋洲大部分地區做了精確的記錄。他在一次與夏威夷土著的衝突中被土著打死，死後即埋葬於夏威夷。

在歷史上，大洋洲島嶼曾先後被西班牙、荷蘭、葡萄牙、英國、法國、德國、美國、日本及已完全西化的澳大利亞、紐西蘭占領、瓜分，成為其殖民地或保護區。對於大洋洲島民來

說，十八世紀後半葉及十九世紀上半葉，是其歷史文化受到衝擊最為劇烈的時期；西方人源源而來，在此傳教，開設種植園，經營採礦業。與歐洲科技文明同時帶來的還有各種酒、武器和疾病，土著文明迅速衰弱下去。現在，絕大多數土著居民已放棄原有的信仰，改宗基督教，英語或法語成為官方通用的語言，原有的生活方式與風俗習慣正處於急劇變異、甚或消亡之中。

· 庫克船長（1728-1779年）

　　二次大戰後，大洋洲地區民族獨立運動蓬勃發展。至今為止，已經有十多個獨立國家。目前，這一地區還有美國、英國、法國、澳大利亞和紐西蘭管轄的地區十一個；其中以美國管轄的區域最多，除了夏威夷已正式併入美國版圖，成為其第五十個州外，還有很多島嶼成為其海、空軍基地以及曾經是核武器的試驗場。

　　在歐洲人眼中，太平洋島嶼只是一片蠻荒、落後、原始的區域。由於其戰略地位的重要性，它們或者被闢為航路中轉站，或者成為軍事基地；由於其迷人的風光，這一帶又被廣泛地開闢為海上旅遊勝地。除了像英國人馬林諾夫斯基、美國人

瑪格麗特·米德等少數卓越的人類學家之外，很少有人重視其文明，並願意深入研先，以發現其有價值的成分。

對於我們大多數讀者而言，提起太平洋島嶼，恐怕浮現於腦海的只是輕柔的海風、美麗的海灘、動人的草裙舞，或者是那些在復活節島上不知已佇立了幾千年的巨石雕像。說起太平洋島嶼文化對現代人類的影響，恐怕也只有印象派大師高更曾居住於塔希提島那段故事較為著名。對世界各大洲，各民族文化及智慧的了解中，恐怕太平洋島民的文化被探討得最少、最淺表、最支離破碎了。

既然大多數人以一種居高臨下的姿態看待太平洋島嶼，那麼就很自然地會提出以下幾個疑問——太平洋島嶼上存在著智慧嗎？如果其民族文化在相當長的時期內處於原始狀態，現在才剛剛從這一狀態中蛻皮出來，尚處於初級發展階段之中，那又何來「智慧」可言？

太平洋島嶼上存在著智慧，這是可以肯定的。向讀者提供一個太平洋島嶼上文明及智慧存在的較為客觀、詳細的介紹，本書即試圖做這方面的努力。

關鍵在於如何理解「智慧」？如果認為智慧有高低之分，認為「智慧」只代表現代科學文明，只為現代文明發達的民族所擁有，以文明的高下判斷智慧的優劣，那就大錯特錯了。早在本世紀初，美國著名人類學家博厄斯就曾專門著書批評這種觀點：「為什麼我們認為一些人種資賦較高而其他一些人種才能較低。我們發現這一想法基本上以一種假設為基礎，即較高的成就文須與較高的智能相聯繫，所以取得了最偉大成就的那些人種的特徵即智力優越的表現。我們對這些假定進行了批判

性研先，發現很少有証據能夠証明這些假定。」「我們現在這個時代的原始人種並未被賦予機會來發展他們的能力。這一現象使我們無法判斷他們的潛能。」❶

　　事實上，不同的文明擁有不同的生活方式和思維方式，每一個民族都選擇了一整套人類、又化特徵，選擇了一整套文化價值觀，為自己的生活創造了社會組織、藝術和宗教。以歐洲文明為代表的科學思維方式在現代人類文明中占據了主導地位，但並不因此可以否認和無視其他思維方式。著名人類學家列維‧斯特勞斯早就認識到這一點，他將現代原始民族的思維方式稱之為「野性的思維」，與「科學」的思維一樣是智慧，區別在於理解和把握事物內在關係的方式有很大的不同。

　　另外要指出的是，特定人類群體所適應的環境雖然不同，但所有人類群體所面臨的社會問題其實是相同的。例如：如何接受自然的挑戰，如何滿足人的各種需求，如何穩定社會群體，如何消除人與人之間的緊張以及人自身內心的緊張，如何獲取快樂等等。在這些方面，古代希臘人、埃及人、中國人的答案就有著很大的不同，我們並不因為今天歐洲的文明比埃及、中國發達而否定後者在古代曾經有過的高超智慧和燦爛文明。同樣，當代以「科學」為基礎的現代文明與美洲愛斯基摩人、印第安人，非洲布須曼人及太平洋島民的文化不能做隨意比較。身處不同的自然環境，各種文明有著各自不同的生存方式。每種生存方式都在尋求它解決問題的最佳方式，從不同角度將各自的文明發揮到了一定高度，也就是說擁有一套唯我所有，在某一方面相對發達的智慧。我們雖然不可能完全模仿其

---

❶ 〔美〕弗蘭茲‧博厄斯：《原始人的心智》。

他文明，但完全可以相互注視、相互吸引、相互借鑒，哪怕這種借鑒僅僅是宏觀上的。

　　太平洋島民的詞彙中有無「智慧」一詞，我很懷疑。但如果把「智慧」做動詞解，理解為「反應」，做名詞解，理解為「最佳反應方式」，我覺得就能恰如其分地把握太平洋島民的智慧。在不同文明中，表達文明的方式也許不同，但反應方式卻有相通之處，具有世界性、借鑒性和可比性。

　　智慧也是比較而言的，並非文明程度越高，智慧也越高。有道是「聰明反被聰明誤」，掌握了高度發達之科學、又明的現代人總是自命不凡，認為可以解決人類所有難題。有趣的是，似乎文明越發達，相應出現的社會難題也越多，而且許多都極為棘手，頑如「痼疾」。然而回過頭看一看太平洋島民的生活，卻找不到這些讓「文明人」左右為難的「文明病」。「文明人」可以在這裡發現許多曾經有過，現已失落，或者從未擁有過的有價值的東西。我相信地球上的人類文明應該是一個整體，它有著不可思議的多樣的平衡，呈現出一種互補。因而，不論何種文明，都應該得到理解和重視。只有在對比之中，不同的智慧才能夠閃閃發光，脫穎而出。

　　對生活在其他社會的人類群體的智慧了解得越多，對我們自己身處的社會越能有深入的反思；對於當今世界愈演愈烈的文化衝突和整合，也越能找到更佳的策略。不輕視任何一種文化，始終保持一個開放的頭腦，應該是現代人最基本的態度。

目錄 CONTENTS

Chapter 1
大洋洲島嶼概況

　　大洋洲島嶼的分布十分有趣，即西部稠密，東部稀疏。曾有人做過一個形象的比喻：大自然的這種安排就像有個巨人站在澳大利亞東海岸，把成千上萬的島嶼如撒網般，向東海岸凌空一撒，結果散落近處的島嶼稠密，遠處稀疏。中、南太平洋是世界上風光最旖旎的海域，海波律動，椰樹婆娑；花果飄香，沙灘誘人。群星般的島嶼散落於萬頃碧波之中，千姿百態，擁翠疊綠，與大海山環水抱；海的子民駕扁舟出沒於碧海藍天之間。

　　前言中已經點明，本書所欲描繪的太平洋島嶼智慧主要即指大洋洲島嶼文明。有關大洋洲島嶼的基本概況，在前言中雖已有涉及，但還遠遠不夠。大洋洲島嶼由四大島群構成，即新幾內亞島及周圍島嶼、美拉尼西亞群島、密克羅尼西亞群島和波利尼西亞群島。這四大島群上雖然人口稀少，但島嶼眾多，地理、種族、歷史、語言狀況極為複雜，文化差異很大；且讀者對大洋洲島嶼這一世界上地理最複雜的地區多知之未詳，仍有必要在此作較詳盡的說明，以利於後文的閱讀。

新幾內亞

　　新幾內亞文化區域由新幾內亞島及附近一些島嶼所構成。新幾內亞島總面積達七八‧五萬平方公里，是僅次於格陵蘭島的世界第二大島。它位於澳大利亞大陸的北面，西臨阿拉弗拉海，南隔托雷斯海峽，與澳大利亞的約克角半島相望，東南端伸入珊瑚海北緣，是亞、澳兩大陸的海上交通要道。新幾內亞原則上屬於美拉尼西亞的一部分，由於其地理、文化具有相對特殊性，故在此單列一節。

　　新幾內亞島即伊里安島。其實新幾內亞是舊稱，伊里安島才是正式的稱呼。在此之所以仍使用新幾內亞一詞，是因為伊里安島作為一個大島，由兩個地區組成，即屬於亞洲印度尼西亞領土的伊里安查亞和屬於大洋洲的巴布亞新幾內亞國。在太平洋地理中，新幾內亞的稱呼較為普遍。而且它作為一個地區，除伊里安查亞和巴布亞新幾內亞外，還包括屬於巴布亞新幾內亞所有的新不列顛島、新愛爾蘭島、布干維爾島及阿德米勒爾蒂群島等六百多個大小島嶼；這些島嶼如果只用伊里安一詞就無法涵蓋了。

　　從地形上看，新幾內亞島雖然是一個島嶼，雖然也被海洋包圍，但其內陸山脈及平原地區則遠遠大於沿海地帶，作為新幾內亞島骨架的中央山脈面積約占全島的一半，最高峰可達五千多米，所以能夠呈現出赤道白雪的雄壯景色。由於島內多山，多沼澤湖泊，存在著平原，所以也生存著以農耕為主的部族；由於交通閉塞，這些部族很少與外界交往。

　　新幾內亞地區的居民絕大部分都屬於美拉尼西亞人種；這支被稱為太平洋地區黑人的人種在大洋洲居民中為數最多，幾占八〇％以上。新幾內亞島上的居民可分為三種：首先是少量

矮小的俾格米人，他們大多居住於山區；其次是巴布亞人，主要也居住於新幾內亞島的高原上，他們眉脊高隆、突顎、額頭高而後傾；第三種即皮膚黝黑、頭髮捲結的美拉尼西亞人。由於氏族部落制度的影響，新幾內亞島上至今未形成統一的民族。以巴布亞新幾內亞為例，在山區和內地仍殘存部落形態的群體，全國大約有七百多個。

新幾內亞人的食物以甘薯為主，其次還有大薯、木薯、芋頭、香蕉等等；椰子是最主要的經濟作物；肉食以豬為主。

巴布亞新幾內亞的官方語言是英語；南部巴布亞人操莫土語，北部新幾內亞講皮金語，沿海及島嶼居民通行美拉尼西亞語；而在伊里安查亞，官方語言是印度尼西亞語。處於新幾內亞內陸的巴布亞族人則使用一種極其複雜的巴布亞語。在歷史上，這一地區曾被荷蘭、英國、德國、澳大利亞、日本等國統治。一九七五年，巴布亞新幾內亞宣布成為獨立國家。

美拉尼西亞

美拉尼西亞、密克羅尼西亞與波利尼西亞三大島群的名字是十九世紀前半期法國探險家朱萊塞‧迪蒙特‧德呂維用希臘文字創造的。「尼西亞」在希臘語中意為島嶼，「美拉斯」為黑色之意。因美拉尼西亞島嶼上的土著居民大多比太平洋上其他島民黑得多，故而得名。

美拉尼西亞位於太平洋西南、赤道與南回歸線之間，全部是熱帶，西鄰新幾內亞、東鄰斐濟群島。主要包括所羅門群島、聖克魯斯島、新赫布里底群島、新喀里多尼亞及斐濟群島。美拉尼西亞的大部分島嶼多山，起伏的山嶺中覆蓋著茂密

美拉尼西亞人分布區域圖

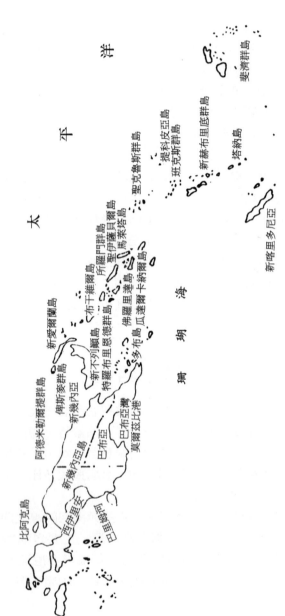

太　平　洋

珊　瑚　海

比阿克島
阿德米勒提群島
新愛爾蘭島
俾斯麥群島
新幾內亞
西伊里安
巴伊勒阿
新幾內亞島
巴布亞
里達爾港
巴布亞灣
莫爾茲比港
新不列顛島
特羅布里恩群島
德恩群島
多布島
佛羅里達島
瓜達卡納爾島
布干維爾島
所羅門群島
聖伊薩員爾島
馬萊塔島
聖克魯群斯群島
提科皮亞島
班克斯群島
新赫布里底群島
塔納島
斐濟群島
新喀里多尼亞

注：這是廣義的美拉尼西亞，即包括新幾內亞地區。

的原始森林，加上氣候炎熱、潮濕，因而不太有人在其中居住。大多數居民都將村落設置在海邊。

　　居住於美拉尼西亞諸島的居民多屬美拉尼西亞人種，同居住在新幾內亞島沿海及周圍島嶼上的美拉尼西亞人一樣，皮膚黝黑、頭髮捲曲、闊臉寬鼻、身強力壯，以種植與漁獵為生。

　　基督教是這一地區最主要的宗教信仰。英語、法語為官方通行語。土著的語言系統極其複雜，據稱有七百多種不同語言；其實這是方言眾多所致。地理的隔絕導致一種方言只為很少一群人使用。土著語言中較通行的是皮金語、美拉尼西亞語、波利尼西亞語、巴布亞語和斐濟語等。

　　在十九世紀，美拉尼西亞曾被稱為「食人群島」；據稱，任何一個外來者如果落在土著手中，都難免被吃掉。本世紀中葉太平洋戰爭期間，由於瓜達爾卡納爾等地是重要戰場，美拉尼西亞由此格外出名。

　　在歷史上，這一地區曾經是德、英、法的殖民地；同時也被澳大利亞、日本占領過。現已獨立的國家是所羅門、瓦努阿圖和斐濟。

密克羅尼西亞

　　密克羅尼西亞位於大平洋中西部、赤道及北回歸線以內，由加羅林群島、馬紹爾群島、馬里亞納群島及已獨立的島國──諾魯、基里巴斯等組成。這一區域內也有火山島，但絕大多數是珊瑚島，極小；「密克羅斯」就意為「小的」。二千五百多座島嶼和礁石彷彿是點綴在藍天鵝絨上一塊塊大小不一的翡翠，散布於七七〇萬平方公里的海域內。全部島嶼面積只

占海域面積的三千分之一。其實，整個密克羅尼西亞只有一百個左右的島嶼能真正稱得上島嶼，其中約八十個島有人居住。由於這些小島孤懸海上，受外界影響小，所以島民以保留獨具特色的密克羅尼西亞文化。

密克羅尼西亞人身材中等，高額骨，黑色頭髮分直型、波浪型和捲曲型。膚色從淺咖啡色到近於黑色，據認為，是大洋洲島民中最接近於黃色人種的。

大自然對密克羅尼西亞的賜予厚薄不均。西部馬里亞納群島和帕勞群島等火山島接近大陸，加上火山灰帶來的優質土壤，島上動植物種類和鄰近的新幾內亞相差無幾。東部珊瑚島遠離大陸，土質不佳，飛鳥罕至，除魚類資源外，動植物種類十分貧乏，故東部島民多以捕魚為生，長於航海，島民之間易物貿易較為頻繁；島越小，越偏遠，反而與外島接觸、交流越多。與東部島民形成鮮明對照，西部火山島的居民處於自我封閉的狀態，憑藉膏壤沃田及近海豐富的魚類資源，農漁兼事，陶然自足。整個密克羅尼西亞地區，除魚類外，芋頭、香蕉、木薯、甘薯、麵包果、椰子等是主要的食物來源。

密克羅尼西亞人的語言系統也極複雜：西部島民的語言屬馬來 —— 波利尼西亞語系，言語種類繁多，有帕勞語、雅浦語、查莫羅語、特魯克語、波納佩語等。東部的基里巴斯人操吉爾伯特語，馬紹爾群島人操馬紹爾語。與其他地區一樣，英語為通用語言。居民大多數人信仰基督教。

歷史上，美拉尼西亞地區曾被西班牙、英、德、日、美等國占領。直至現在，馬紹爾群島、加羅林群島和馬里亞納群島仍為美國托管地。美國在具有重要戰略地位的島嶼上建立軍事基地，把一些海域闢為導彈試驗區和核廢料處理場。

密克羅尼西亞人分布域圖

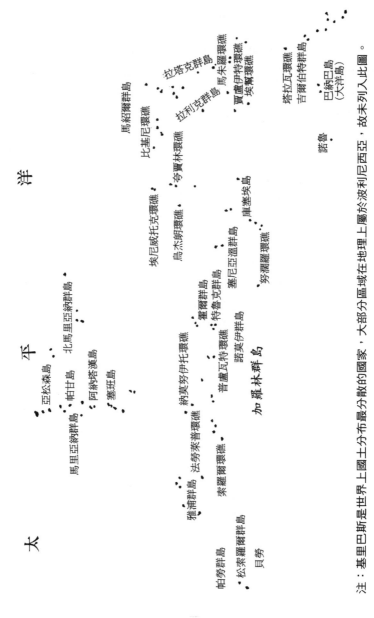

太　　　平　　　洋

馬里亞納群島

亞松森島
帕甘島
北馬里亞納群島
阿納塔漢島
塞班島

雅浦群島
索羅爾環礁
法勞萊普環礁
納莫努伊托環礁
普盧瓦特環礁
烏萊群島
特魯克群島
諾莫伊群島

加羅林群島

帕勞群島
松索羅爾群島
貝勞

埃尼威托克環礁
烏杰朗環礁
塞尼亞溫群島
努瓊羅環礁

馬紹爾群島

比基尼環礁
夸賈林環礁
庫塞埃島

拉埃群島
拉利克群島
夸賈馬朱羅環礁
賈盧伊特環礁
埃賈環礁

諾魯

塔拉瓦環礁
吉爾伯特群島
巴納巴島
（大洋島）

注：基里巴斯是世界上國土分布最分散的國家，大部分區域在地理上屬於波利尼西亞，故未列入此圖。

波利尼西亞

　　波利尼西亞也是由火山島和珊瑚島組成的島群，位於太平洋東部地區。在四大區域中，波利尼西亞海域面積最為遼闊，島嶼也最多；「波利西」即「眾多」之意。從地圖上看，波利尼西亞的構成猶如一個巨大的三角形，它的三個角是北部的夏威夷、西南部的紐西蘭及東南部人跡罕至的復活節島。

　　這三角形的廣闊區域差不多全為海面所覆蓋，浩瀚的太平洋在此緩緩環流著。在三角形的中心區域集中了一些可以居住人類的島嶼群落，在汪洋大海中顯得稀稀落落、寥若晨星。其北面是著名的夏威夷群島；西面分布著吉爾伯特和埃利斯群島、瓦利斯和富圖納群島、薩摩亞群島和東加群島；三角形的中央部分是社會群島和庫克群島，著名的塔希提島即在其間；在塔希提東面，由南向北呈弧線分布的是土布艾群島、甘比爾群島、土阿莫土群島及馬克薩斯群島。

　　波利尼西亞的地形最為變化多端，那裡既有地勢低窪的環狀珊瑚島，也有景象極為壯觀的火山錐。這些火山錐從海底上升數千米才露出太平洋水面，並在水上繼續攀升，高聳入雲。例如，夏威夷島就是由五座這樣的火山組成，其中一座是波利尼西亞最高峰，達四二〇〇多米。美麗的海岸、蒼翠的林木與高聳的山峰、深邃的峽谷奇妙地結合在一起，使夏威夷成為太平洋中最迷人的地方。

　　波利尼西亞除了南、北兩端有些島嶼冬天稍覺寒冷、潮濕外，大多數地區因位處赤道及南、北回歸線之間，氣候始終溫暖炎熱，適宜於各種熱帶水果。作為島民食物的主要構成，波利尼西亞人與美拉尼西亞人、密克羅尼西亞人大致相同，以魚類及豬為主要肉食來源，以球根性植物，如芋頭、薯類為主

波利尼西亞人分布區域圖

注：圖中包括紐西蘭及屬於基里巴斯的聖誕島、芬寧島、吉爾伯特群島，
及屬於美國的夏威夷群島，這是因為有波利尼西亞人在那裡分布。

食，再加上香蕉、椰子、麵包果等其他輔助食品。

　　波利尼西亞人是白人和黃種人的混血，體型高大、身材健壯，頭髮也有些捲曲。

　　由於島嶼眾多，民族複雜，語言必然紛繁多異。除了英、法語為通用語言外，不同民族分操波利尼西亞語、東加語、毛利語、薩摩亞語、托克勞語、皮特開恩語等多種語言。

　　波利尼西亞人大多信仰基督教。

　　英、美、德、法曾在歷史上染指過這一地區。現在除了圖盧瓦、東加、西薩摩亞外，其餘地區仍未獨立，為美、法、紐西蘭管理，尤以法國屬地為多。

Chapter 2
生命與海洋

世界上最出色的水手

在世界古代文明史上，地中海的腓尼基人以長於航海而聞名。在很長一段時間裡，提起「海上民族」，無不首推腓尼基人。然而，當歐洲人的帆船駛進浩瀚的太平洋，與駕駛著獨木舟的波利尼西亞人、密克羅尼西亞人、美拉尼西亞人相遇後，知道這一稱號不得不讓出來了，太平洋島民才是真正的「海上民族」。他們那些令人嘆為觀止的航海技巧，不僅使歐洲水手目瞪口呆，相信也足以使腓尼基人甘拜下風。他們稱得上是世界上最出色的水手。

太平洋島民的航海工具極其簡單──一艘大多由兩個人駕駛的獨木舟而已，即使把它加大、加高、增加水手，也仍比公元前十世紀腓尼基人的船隻遜色得多。獨木舟上沒有機械、沒有羅盤，只有幾支槳、一葉帆，大多數情況下連帆也不需要。這種在我們看來只能在公園湖面上划行的小舟，卻被島民們駕馭著，在遼闊的洋面上「閑庭信步」。不知吞噬了多少船隻和

水手的太平洋，唯獨對太平洋島民和獨木舟格外鍾情，很少聽說有獨木舟及其水手在海上遭難的事。

駕馭獨木舟的島民進入太平洋腹部，以海島為家，至少已有幾千年了。他們是名副其實的「海的子民」，祖祖輩輩、長年累月的海上航行使他們積累了極其豐富的航海智慧，掌握了令人難以置信的航海技巧。他們知道如何解釋海鳥的行為；能夠用肉眼敏感覺察出海浪、風速和風向的變化；具備在連續幾天的長途遠航中不睡覺的疲勞「免疫」功能。

以波利尼西亞水手為例，在他們出航時，可以不看腳底下的水，只看頭頂上的天。一方面，密切地注視各種形狀不同的雲朵；當陸地接近時，水手們根據島上因空氣對流而形成的雲層，加上因有陸地存在而激起的波浪形態來判斷方位。另一方面，細心地研究候鳥的飛行路線。例如，太平洋金鴴及長尾杜鵑就都是沿波利尼西亞各島嶼之間既定的遷徙路線飛行的。圖盧瓦人還專門捕捉和訓練海鳥進行導航。

當然，海浪的形態和海水的顏色所提供的信息更是水手們所不能放棄的。在波利尼西亞西端，沿著弧線般的吉爾伯特群島南下，環礁連著環礁。當獨木舟在珊瑚礁中穿梭划行時，由於這些島嶼的地勢都很低，往往已經逼近了，還不能用肉眼發現。但水手卻能從海水顏色的些微變幻中探偵出來。這樣，即便沒有見到島嶼，也能始終在距島嶼不遠處航行。即使他們駛入了深藍色的海域，也能再隨心所欲地划回陸地來。

波利尼西亞人還善於夜航，他們利用星辰導航和計算航程。相信並進而研究星辰，是每一位水手所必修的課程；每一代水手所積累的天文學資料都被精心保存下來，一代代流傳下去，甚至設立專門的學校教授星辰導航術。

有學者認為，波利尼西亞人發明了一種「頂星觀測技術」

的航海術。「要想達到地球的某一地點，他們只需知道該地點上空星星的位置，然後持續朝著那顆星星行駛，即可到達目的地。這種技術對他們來說比使用羅盤更好用。因為用羅盤不能保証取得最短的航程。水手們只要向著一顆確定的星星航行時，星星看起來高懸空際，這樣就能在航程中隨時直接測定與目的地之間的距離。當到達目的地時，作為目標的星星正好在上空。」❶

當然有一個問題需要解決，那就是星體隨著晝夜的旋轉，在不停地升起與沈沒。波利尼西亞人可能把白天和黑夜各分成六個相等的時辰，這樣，當星辰在旋轉時，波利尼西亞人按既定的弧線前進，將目標從一顆星體轉移到另一顆，從而確保方向不變。

除了「頂星觀測術」外，波利尼西亞人還有一種簡捷的方法，那就是只靠標定地平線上某一星體或星座升降的特定位置就可航行到達目的地。用這一方法也許不能走捷徑，但同樣能夠在遙遠的島嶼之間「往來自如」。

有一則波利尼西亞的傳說，說的是一艘船在航行時遭遇到狂風暴雨，舵手就站在船上唱歌，歌詞中向神祈求的並不是讓暴風雨停下來，而是要風把烏雲吹散，俾能看清星辰，以便引導船隻前進。

由於太平洋島民掌握了非凡的航海技巧，太平洋諸島的水手在今天各大輪船公司中很受歡迎。據說，當歐洲船隻最初駛入太平洋時，曾邀島民上船當導航員，因為他們具有非凡的遠視力，比歐洲海員看得遠。這種能力也許是具備的，然而更重要的是，他們能從歐洲人所習見的海洋現象中，透視出更多的

---

❶ 〔美〕愛德華・威爾：《當代原始民族》。

信息來吧！

　　如果不借助任何儀器和能源，讓一名現代輪船上的水手和一位太平洋島民同樣駕馭小船進行一場長距離海上比賽，不能說絕對，大多數情況下，一定是現代輪船上的水手輸。因為在現代航海中，如果離開了配備先進儀器的金屬船隻，航行幾乎是無法進行的。

　　毫無疑問，太平洋島民具有極其豐富的航海智慧。這種智慧既可以說是他作為一個海的子民培養積累起來的，也可以說是由他身處的文明所天然賦予，與生俱來的。

　　有如土地之於農民，有如草原之於牧人，海洋，對於太平洋島民，無異於生命之本。太平洋島民不同於大陸沿海的漁民。大陸沿岸的水手雖然也時常出海，雖然也以海為生，但他們背依大陸，如果在大海中遇到風浪的襲擊，他們會及時撤回大陸。即使最終無法以海洋為生，他們也可以遁入大陸深處，另謀生路。

　　就交通而言，雖然船隻是主要工具，但也不排斥陸路的交通，所以他們不可能在海上漂流一生。太平洋島民則不同，他們沒有大陸可以依托，棲身的島嶼只能躲避一時的狂濤巨浪。即使遭受到巨大的災難，也無退路可言。在廣袤無邊的太平洋中，要想溝通交往，除了船隻，別無他途。因而，島民注定要以海為家，注定要搏擊風浪，注定要用生命蕩槳，注定要在汪洋中漂流一生。

　　這種除了海洋，別無選擇的生存環境，使水手、獨木舟和海洋構成一個有機的整體，如何利用簡陋的生產生活工具——獨木舟，最大程度地保存自身、減少犧牲，讓海洋為人類服務，這種智慧被空前地發展起來。而其他民族或者依賴農耕，或者以畜牧為業；即便利用海洋，也只是輔助性的，不可能構

成海洋文明。

　　進入工業時代的現代人類依恃先進的科學技術，雄心勃勃地要征服海洋，他們與海洋形成的是征服與被征服的關係；這種對立的關係自然就限制了他們獲得類似於太平洋島民所擁有的智慧。

　　太平洋島民的智慧在於，放棄征服海洋的念頭，而是思索怎樣與之融為一體，怎樣摸透海的脾氣與性格，怎樣與之成為朋友。因而他們對海的了解要超過其他水手百倍。這種了解更多的是感情上的溝通。只有與大海貼得最近的人，才能得到大海的真傳。這也促使了太平洋島民更有信心、有膽量在浩瀚的海洋中，以最簡陋的工具做出最驚人的舉動，面對再遼闊的海洋，再可怕的風浪，也能夠無所畏懼。

　　任何一種文明一旦形成，由這種文明所需求的智慧都會充分發達起來，但又同時限制其他智慧的發展。高度的航海智慧使獨木舟難以上升為帶有羅盤，使用能源的輪船。同樣，站在輪船上看海，對海的感情和理解必然也有所不足，航海智慧必然大打折扣，所以只能把世界上最出色之水手的桂冠，讓給了太平洋的島民。

探險與拓張

　　在交通條件遠遠沒有今天發達的古代，探險是一件了不起的大事。遠離自己的家鄉，前往生死未卜、語言不通、風俗迥異或者荒無人煙的異國他鄉，並生存下來，那不僅需要非凡的勇氣、堅定的意志，同時也需要超人的智慧。

探險不僅僅是某些個人或群體的英雄行為,對人類文明的發展也有著重要的價值。只有通過探險,才能發現新的可供生存的天地;只有通過探險,人類不同的文明才能互相溝通、交流,互相影響、促進。沒有探險的壯舉,人類各民族將世世代代封閉隔絕;沒有探險的壯舉,也許世界上絕大部分地區依然不存人煙。因而,如唐三藏、馬可·波羅、哥倫布、麥哲倫等等探險家的英名,在人類歷史上閃閃生光;他們使世界聯為一體,使人類歷史成為真正的世界歷史。

　　在太平洋島嶼上找不出像哥倫布這樣出名的人物,然而每一個島民卻是不折不扣的探險家。島民作為一個整體,從古至今所自覺從事的探險活動,使太平洋所有適宜人類居住的島嶼都得到了開發;登上太平洋各主要島嶼,並播下文明火種的時間最遲也在距今一千多年前,遠遠比麥哲倫等航海家的「發現」早得多。

　　經過考古學家與人類學家多年來的努力,已經可以斷定,大洋洲四大文化區域上的民族均來自亞洲,即太平洋西岸,而不是相反的太平洋東岸。從語言上看,太平洋島民沒有顯示出屬於美洲印第安語系的特徵,他們的語言類似於泰語及其他東南亞土語;他們的體質屬性明顯地與亞洲大陸較為接近。在生產工具上,譬如磨光滑的石斧與石錛(音奔。類似斧頭,是木工工具)、貝殼做的魚鉤之類手工製品以及獨木舟,一般說來也與太平洋西岸接近。從他們的主食——薯類及芋類來看,也是東南亞最為普及。

　　那麼,太平洋島民又是如何跨越茫茫海域,把人口逐步遷移到新的領地上去的呢?在如此廣闊的海域,把人口輸送到如此分散的島嶼上去,無疑是一項必須耗費數千年、甚至上萬年

時間的巨大的探險拓張活動。據研究，這項活動可劃分為三個大的過程。

最初的遷徙大約可追溯到三萬年前，即最後一次冰河時代。一部分大陸居民因亞洲大陸無法生存，不得不向海洋進發。身材矮小、皮膚暗黑、毛髮捲曲的尼革利陀人（小黑人）首先遷移至澳大利亞（成為今天那裡的原始民族），然後向東到達新幾內亞島及周圍島嶼。身材較高、膚色較淺的蝦夷族和巽他族人的混血種是這次遷移的另一部分。所有這些人的後代大部分留存在今新幾內亞內陸山區；另外一部分雖然到了沿海地區，但還不敢和海做大的較量，使用簡陋的獨木舟，只能傍岸而行，最遠到達大陸架外緣的斐濟。這次民族大遷移持續了相當長的時期。研究者確信，後期的移民是公元前二千年左右到達這些地區的。

波利尼西亞人雖然居住在太平洋最偏遠的區域，但研究証明，他們並非是到達太平洋的最後一批人，而是在第二次大遷移的浪潮中從東南亞出發的。這批身材高、骨骼大、膚色淺的人不屬於蒙古人種，和歐洲人比較接近。他們在造出了更大、更適於遠航的筏式獨木舟，積累了較為豐富的航海經驗後，開始了真正的探險，向整個太平洋中部挺進。

波利尼西亞人從印度尼西亞出發，經過新幾內亞，在密克羅尼西亞停留過一段時期。但敢於冒險的波利尼西亞人並不戀棧，繼續向東進發。其中大部分人在今日之法屬波利尼西亞的社會群島建立了一個叫作「夏威夷基」的傳說性基地。

接著，波利尼西亞人以夏威夷基為出發點，向北分布到夏威夷，向東分布到土阿莫土和馬克薩斯群島，向南分布到土布艾群島，另一些人向西和西南方發展，到達紐西蘭、東加、薩摩亞和美拉尼西亞的部分地區。波利尼西亞人的大規模海上遷移，至少開始於二千年前，在以後的漫長歲月中，逐步占領了

波利尼西亞三角區域內的主要島嶼。

波利尼西亞人的海上探險最為壯觀，具有跨越極廣闊海域的非凡本領。例如，紐西蘭的原始居民波利尼西亞種毛利人是公元一三五〇年，從庫克島集體航海過來的。海上的直線距離是三二〇〇公里，毛利人利用七艘長形獨木舟，在海上與波濤奮戰了幾個星期之後，一舉橫渡成功。

身材中等、黑色頭髮的密克羅尼西亞人有著明顯的蒙古人種影響。他們在最後一次大遷移中離開亞洲，沿襲的基本上是波利尼西亞人的路線，最後大部分在密克羅尼西亞定居下來。

有必要說明的是，這三次遷移中，各主要島嶼登陸的實現都至少在一千年前，那時候世界上沒有其他民族能做如此大規模的遷移航行，歐洲人的船隻還只能沿大西洋海岸通行，而不敢離開太遠。

另外要說明的是，島民橫渡茫茫大洋的工具自始至終只是獨木舟，最多只是將獨木舟做大一些，可以乘載更多的人，或者將數條獨木舟拼在一起，以增強穩定性。

已無法解釋這種充滿艱辛的海上大移民的最初動機是什麼？也許是自然環境惡化的催擠或人口膨脹的壓迫。但到了後來，探險和拓張似乎已成為人生的一種責任，一項義務。獨木舟向何處漂流而去，完全是盲目的；究竟要漂流多長時間，也完全無法估計。但是他們仍然向深海駛去，向未知駛去。

等待他們的也許是死亡，也可能是夢一般美麗的地方。島民把女人帶在船上，就在船上生兒育女。他們飲用椰子汁代替淡水。他們帶上雌雄配對的豬、狗、雞，帶上種種根塊作物，作為食物和種子。他們不管白天黑夜、日曬雨淋，永遠不停地漂流下去，把船隊按一定的間距排開，看哪艘船能首先發現未

知的陸地。

　　對於太平洋島民而言，海洋與其說是隔絕其它諸島的「天塹」，不如說是連接彼此的通衢。探險成為生命中不可缺少的一環，探險的智慧成為生命途徑最重要的智慧之一。冒險成為民族的性格，夢幻與成真成為最大的刺激與快樂。

　　漂流，漂流，永遠不停地漂流，一直要到世界的盡頭；這既是為自己尋找新的生存空間，又是在滿足不斷尋求刺激的心態；生命的智慧便由此而生。

獨木舟——與大海對話的工具

　　一七六七年，位於波利尼西亞中部的塔希提島迎來了第一批歐洲造訪者，那是以塞繆爾·沃利斯為船長的英國探險船「海豚號」。但是，「海豚號」受到的並非禮遇，而是塔希提人大型船隊的進攻。這支船隊由清一色的獨木舟組成，這些具有流線型細長船身的船隻飛速地向「海豚號」放出的作為母艦先導測深的快艇駛去。在塔希提水手極為嫻熟地操縱下，獨木舟猶如水生甲蟲一般，靈活自如，令人眼花撩亂地在快艇周圍漂來浮去。相形之下，急欲撤回母艦的快艇顯得如此笨拙，怎麼也快不起來。在歐洲人張惶失措之際，獨木舟已包圍了「海豚號」，塔希提人從艙內迅速取出石塊和拋石器，如冰雹一般將石塊向探險船砸去。不一會兒，甲板上就亂七八糟地落滿了石塊，好幾個「海豚號」水手被砸傷。

　　當然，塔希提人的獨木舟和石塊終究敵不過歐洲人的鐵甲船和火炮。這場戰爭以塔希提人大敗而告終。塔希提人由此得出結論，這種奇怪的船，船上武器驚人的破壞力無疑是得到了

· 獨木舟與海豚號

神助，具有超自然的力量——馬那（Mana），如同自己的酋長一樣，具有神性。

從此以後，白人來訪者受到相當程度的歡迎和尊敬；究其原因，就是他們身上具有馬那，馬那是不可侵犯的。

然而，吃了小虧的歐洲人卻對細長而靈活的獨木舟留下了深刻印象；即便是以後來訪並受到禮遇的其他歐洲人，對這種神奇的船隻也無不產生濃厚的興趣。在他們看來，這種小船的設計與工藝之巧實在令人嘆為觀止。它與歐洲人的航船有著本質上的不同。不用帆、吃水淺、排水量小，可以在水面上漂掠而過，而不是浸在水中破浪前進，加上水手們高超的駕馭技巧，獨木舟就能如水上甲蟲一般，在波紋上進退自如；吃水深、排水量大的歐洲帆船當然相形見絀了。

生活於太平洋島嶼上的居民，其海上交通工具幾乎都是獨

木舟，只是形制略有不同而已。麥哲倫航海史的編纂者及旅伴安東尼奧‧皮加費特曾這樣形容關島的獨木舟：「這種獨木舟近似費查列爾（一種有槳的小快船），但比較狹窄，有些塗成白色或紅色。船帆對面橫著一根尖頭圓木，圓木上面橫綁兩根木杆，拖在水中，使船平穩。帆是用棕櫚葉縫成的……船舵是一塊木板，樣子像麵包師傅的爐鏟，尾部有一塊木頭。船頭和船尾可以隨意調向。總之，這些獨木舟十分靈活，就像追波逐浪的海豚。❷

蜜克羅尼西亞人的獨木舟對於船帆有著獨到的運用。這種小船有點類似於現代體育比賽中使用的舢板，帆極大而船體很小，一側船頭伸出一根長長的木板，用數根繩索與帆相連。這就是所謂的「舷外帆索固定架」。船上兩名水手，一名操槳，另一位則踩在固定架上，專門操縱帆的方向。這種注重用帆，靠風行駛的獨木舟，不僅節省人力，給小船以平衡的力量，而且速度極快；據稱乘風揚帆時，其速不亞於現代快艇。

上述安東尼奧‧皮加費特所描寫的帶船外平衡杆的獨木舟在波利尼西亞也極普遍。它向船的一側延伸出去，非但不會增加船體自身的重量，反而加強了船體在水面上的浮力，既能平衡，又有助於加速。

在遼闊的海域上被不同民族使用的獨木舟，其原始結構大同小異，都是選擇一株粗大的樹木，將它的中心燒（挖）空而成。這種可以用來做船的樹木並不是任何地方都能採伐到，只有在大的火山島嶼上才有生長，如密克羅尼西亞的雅浦島、帕勞島等。為了尋找適宜做船的木材，水手們在海上航行數百、甚至上千公里並非罕事。

---

❷ 〔蘇〕基‧弗‧馬拉霍夫斯基：《最後的托管地》。

獨木舟也可以加大，一般是在船舷上緣縱向加上一些厚木板以提高船舷高度，從而使原先的獨木舟變成一種較深較複雜的船隻。這就需要相當高超的工藝。所以製船的工匠在社會上備受尊重，等級很高。擴大了的船身極為結實，同小型的獨木舟一樣可隨波浪扭曲起伏而不會散架。大型獨木舟需要使用多根樹木才能製成，一般用它來做戰船。斐濟島上至今保留著一艘獨木舟戰船，在古代戰事中，曾經乘運過一百多名斐濟武士。建造這樣一隻大船需要花費整整一年時間。

　　要在大海中劈波斬浪，在惡劣的天氣中也能保証航行，不僅要求船體大，而且必須帶帆帶篷，單艘獨木舟因體積小，必然受到限制，不可能使船體無限制擴大。擅長於遠程航海的波利尼西亞人便將兩船並列，用橫木聯鎖在一起，中間相距可達一米。在橫木上鋪上厚木板便成了平坦的甲板，造船者又在甲板上搭建起小棚似的掩蔽艙。在這裡，船員可以比較舒適地睡覺、吃飯、烹調、駕船。船的動力由通常用蘆葦編成的大型三角帆提供。掌舵靠的是長達十幾米的巨大長槳，船的兩頭各有一支，需要轉向時，只要把帆向後拉，同時把船尾的長槳當作舵來使用，船就能方便地「就地掉頭」。

　　這就是讓波利尼西亞土著引以自傲的雙體獨木舟，船體最長時可達三十米以上。波利尼西亞人將向上捲翹的船首做精心裝飾，當巨大的船體在一隊訓練有素的槳手整齊一致地划動下，快速自如地移動於浩瀚的洋面上時，景象極為壯觀。當然，這樣的巨船畢竟罕見，大多數場合下，波利尼西亞人使用的依然是單艘或小型雙體船。

　　獨木舟未必是太平洋島民的發明，卻漂浮在太平洋的大部分海域。獨木舟的功能，在太平洋上得到最大限度的發揮，這種發

揮，集中體現了太平洋島民的智慧；猶如蒙古人的馬、拉普人（生活於歐洲北部雪原的一個民族）的雪橇，到了其他民族手中，就不可能得到出神入化的利用。在浩瀚無垠的洋面，獨木舟顯得那樣渺小，甚至比一條大魚還要小。與配備高科技設備的現代輪船相比，它是那樣原始和簡陋，然而島民卻駕馭著它，在太平洋上往來自如。可以這樣說，獨木舟是島民和海洋對話的工具，島民利用它不僅在身體上，而且在感情上最大程度地貼近海洋。獨木舟投合了海洋的性格，水手們借助於獨木舟，與大海合為一體，而大海則因為有獨木舟的出現而生氣勃勃。

眼花撩亂的捕魚術

要想了解某種文明的特色，其實不必考察其生產、生活的各個細節，只要檢索其語言中所運用的詞彙，哪方面的詞彙最為豐富，就清楚地表明其文明在哪方面的智慧最發達。

對於生於海洋、長於海洋，將魚類作為重要食物的太平洋島民來說，識別與獵捕魚類自然而然是生活中的一件大事。他們有關魚的詞彙像北美洲愛新基摩人形容冰雪一樣豐富，像非洲布須曼人形容草原一樣多得無法搜盡；他們對各類魚的游移路線，魚汛何時到來了如指掌；如同他們在航海中了解鳥語以導航一樣，對於魚語，他們更有深刻的領會，並用詞彙生動地表達出來。當然，這些詞彙中有相當一部分是同時表達如何獵捕的，因為獵捕才是最終目的。例如，在密克羅尼西亞人那裡，「丹塔克」意為月明之夜，當針魚浮在海面時，用棍棒擊捕之；「阿皮浦」意為當沙丁魚被大魚追趕，游到岸邊時，用織在一起的椰樹葉捕捉。

太平洋島民捕魚的方式極其豐富以及多樣化，而且表現出相當高度的技巧性。

一位叫作艾爾弗雷德‧彭尼的十九世紀西方牧師曾志願參加基督教布道團，被派往美拉尼西亞佛羅里達群島。那裡與所羅門群島的瓜達爾卡納爾島相鄰。

那些地區的島所表現出足智多謀的捕魚技巧使彭尼目瞪口呆，他認為這是歐洲人竭盡全部心智也發明不出來的。例如，島民居然利用風箏和蜘蛛來捕魚。他們先用棕櫚葉做好一只風箏，然後用一團蜘蛛網做魚餌，那網是由特地裝在一隻小匣子裡的蜘蛛吐成的。這團蜘蛛網繫在風箏尾巴上，而捕魚人則在小船上控制風箏，魚餌便在水面上輕輕地跳來蹦去，最後被一條長嘴硬鱗的魚抓住，魚兒那剪刀般的長嘴被粘性的蜘蛛網死死纏住，以致於乖乖地被捕魚人毫不費力地拖上船來。

還有一個屢屢奏效的辦法是用活魚做誘餌。島民在魚的下顎鑽個洞，再用一根細繩穿過洞去紮牢，然後再把這條魚放回水中。魚兒在水裡翻騰掙扎，做出種種古怪的動作，把其他的魚都吸引過來，結果被一網打盡。

塔希提的土著居民用兩人操縱的獨木舟出海捕魚，其中一個負責划船，另一個則掄起飛石砸魚——一根長長的繩子，一頭栓著圓石，一頭撐在手上，眼睛敏捷地瞄準飛速游動的魚兒，然後準確無誤地出手。現在這種捕魚技巧已成為塔希提人引以自傲的表演項目。

在薩摩亞人的食譜中有許多海中的美味，如鯉魚、章魚、大蝦、小龍蝦、螃蟹，也有鯊魚、海龜和味道如魚子醬一般的帕裸裸（Palolo）蟲。

捕捉鯊魚，必須在船長帶領下，許多人通力合作才能完成。船長指揮水手拖拽繫有釣餌的貝殼撥浪鼓以引誘鯊魚。浮

動的誘餌形狀有如小魚。鯊魚迅速追趕上來。其中一名水手用另一根繫有釣餌的釣繩誘使鯊魚來到套索的地方，拉套索的人靜待時機，一有機會就滑動圈套並把它套到鯊魚的背鰭上，拉緊繩索。其他人用棍棒對著鯊魚一通猛打，與鯊魚劇烈地挣扎搏鬥，直到鯊魚被打死並被捆到船體上。

捕捉海龜要容易得多。優秀的潛水者潛入水中，把龜背翻過來，海龜便無可奈何地漂浮起來。

在波利尼西亞流傳得最廣的捕魚法是圍堰法，即築起堤堰後，把魚攔在裡面。毒魚法也被常常使用。薩摩亞人用一種叫作「吠塔」（Fata）的植物種子下毒。這種毒當然對人體影響不大。吠塔的種仁被磨碎搗成糊，投入魚群躲藏的一些礁石洞裡，或者由潛水者把毒物下到深水之中，魚中毒後行動變得呆滯便易於捕捉了。

太平洋島民還用長矛刺魚，用弓箭射魚，採用形形色色的網，多種多樣的鉤。可以說，在捕魚技巧上，就原始手段而言，已到了集大成和登峰造極的地步。這些在捕魚技巧上所表現出來的想像力之豐富，証明了太平洋島民在心智上不比任何一個其他民族遜色；猶如愛斯基摩人是冰雪世界的權威，蒙古人是草原世界的權威，掌握科學技術的人類是現代文明的權威一樣，太平洋島民是海洋和魚類世界的權威，他們在這個領域內所表現出來的聰慧才智是其他民族不能比擬的。

動植物學的大師

不僅僅對魚類，生活於海島上的土著居民對於生活區域內的植物和動物都有著濃厚的興趣。在某些島嶼，土著居民對動

植物異乎尋常的關心到了不可思議的地步，可以說比從事現代科學研究的動物學家、植物學家更為敏感、更為細緻。況且動、植物學家只是人類中極少的一部分，而土著居民則幾乎人人都稱得上動物學家、植物學家，人人都熟練地掌握著成千上百精確的動、植物詞彙，人人都具有非凡的鑑別力。

「幾乎所有尼格利陀人（生活於菲律賓群島圖博島上，作者注）都可以毫不費力地列舉出至少四五〇種植物，七十五種鳥類，大多數蛇、魚、昆蟲和獸類，甚至二十種蟻類……」❸

「哈努諾人（生活於菲律賓群島，作者注）把當地鳥類分成七十五種……他們大約能辨別十幾種蛇……六十多種魚……十多種淡水和海水甲殼動物……大約同樣數目的蜘蛛綱動物和節足動物……哈努諾人把現有的數千種昆蟲分為一〇八類，其中包括十三種螞蟻和白蟻……哈努諾人認識六十多種海水軟體動物和二十五種以上的陸地和淡水中的軟體動物……他們能辨別四種不同類型的吸血水蛭……共記錄下四六一種動物。」❹

從中可以看出，土著居民對動、植物做過極為精細的分類，表現出在區別同一屬內各個種之間細微差別時極為精細的分辨力。據說哈努諾人將其環境中的植物，分成一八〇〇多種不同「物種」，而西方植物學家只把它們分到一三〇〇個物種。當然，土著的分類法與現代動、植學大相徑庭，它不講求動、植物生物學意義上的種屬，也不追究動、植物在生物演化過程中的角色。

土著所重視的是這種動、植物的功能、習性以及與人的關係是有害還是有利；是可以食用，還是可以藥用，抑或在巫術

---

❸ 〔法〕列維·斯特勞斯：《野性的思維》。
❹ 〔法〕列維·斯特勞斯：《野性的思維》。

場合的作用。在許多人看來，土著對許多對他們沒有直接用處的動、植物也極感興趣。這其實是一種誤解！我們無法真正理解土著的生活世界，尤其是他們的精神世界。一則土著把生活在這個地球上的生物一律平等看待，，再則他們認為，在人類、動物、植物之間，有著相應的神祕關係。

「哈努諾人的幾乎所有日常生活都需要十分熟悉當地植物和掌握有關植物分類的精確知識。有一種看法認為，那些靠自然物維持生存的集團只利用當地植物群中的很小一部分。與此相反，哈努諾人卻認為當地土生植物品種的總數中有九三％都是有用的。」❺

在土著眼中，自然的一切都必然是有用的、完美無缺的，應該加以重視和認識。相對而言，我們這個所謂「科學」的社會卻不顧平衡地耗用幾種在經濟上暫時有利可圖的東西，而忽略甚至毀掉其餘的資源。這種無異於犯罪的行為正日益為許多有識之士所痛心。地球資源的大部分被荒廢不用，地球珍稀資源日益減少以及動植物的加速滅絕，從地球與人類的整體關係及長遠關係來看都極為有害。

當然，土著對動、植物的應用，有時在我們看來是十分可笑的。尤其在藥用和施加巫術的場合。例如，有的土著用接觸一下啄木鳥的嘴來治療牙痛，因為啄木鳥的嘴鋒利無比；有的土著熬蒼蠅的湯給婦女喝，以期多產，因為蒼蠅的子女特別多等等，這類事例不可勝數。在我們認為毫無因果關係的事物之間，他們認為存在著一致性。土著確信，一切事物都具有神聖性，在自然秩序中有其神聖的位置。

---

❺ 〔法〕列維・斯特勞斯：《野性的思維》。

土著以最大的熱情去了解自然，發現自然界中的神聖秩序，期為人類服務。即便這種秩序我們絕對難以苟同，但無法否認的是，土著如果脫離了他們創立的「秩序」，其社會就將不復存在。而且，土著運用相當智慧去創立的「秩序」中，也確實存在著思維的邏輯性，其體系具有可觀的深度和廣度。

　　其實，現代科學所創立的體系未必不是「秩序」中的一種；無法斷言，科學家的解釋就是絕對客觀、絕對正確的。應該說這兩種思維，無論「科學的」還是「野性的」。都是人為的產物，都是智慧的結晶。

　　「葉子和莖幹帶有苦味的植物在菲律賓通常被用來治療胃痛。如果某種移植來的植物被發現有這種特性，它就會被迅速地加以利用。這是因為，許多菲律賓部落的人都不斷地對植物進行實驗，從而加速了按照本族文化的分類知識，對移入植物的那些可能的用途進行認識的過程。」[6]

　　可見，土著依賴他們的特殊分類法，不斷地進行新的實驗，以擴大、充實、檢驗、完善其知識體系。知識體系的差異使他們觀察世界的眼光和我們的發生嚴重差別。例如，色彩，在炎熱的環境中，從事園藝的菲律賓哈努諾部落發明了幾十種顏色術語，每一個術語都與一個植物種類相符合。這些術語同樣用來表明色彩的差異，但它卻用那種色彩的植物是濕的、嫩的還是乾的來加以分類。他們沒有純粹的色彩的單詞，例如，「綠色」、「紅色」這樣一些抽象的概念是不存在的，必然同時指出它是乾枯的、新鮮的，還是多肉的等等。在這裡，土著與我們只有分類方式上的不同，而非聰明才智上的不同。

---

[6]　〔法〕列維·斯特勞斯：《野性的思維》。

土著的思維方式據說是直感式的，強調人類的經驗價值和審美價值，或者說是主觀的、詩意的，而不像現代科學思維那樣是抽象的、思辨的。即他們感官知覺特別發達，而理性思維相對薄弱。這是一個深奧的課題，我們不可能在此做深層展開。問題在於，無論現代科學，或者土著思維，如上所述，都在積極尋找一種世界的秩序。也許在土著思維中，這種秩序是由直覺、想像構築的，是「神聖」的秩序。在從事嚴格的分類、創造豐富的詞彙等方面，這種思維表現出了高超能力。至於這種智慧的內在價值，至少有一點已經可以肯定，即對自然物整體關係的珍視和把握。我們無權對之加以忽視和嘲笑。

順應自然的居住方式

居住方式是體現文化特色的重要標誌之一。太平洋島民的居室既無歐洲式建築的高大、雄壯，也無中國式建築的華麗、軒敞，從表面看，甚至極其簡陋。但是它卻有自身的價值，這種價值是歐洲式建築或中國式建築無法取代的。它與獨特的自然功能——抵禦海洋風暴、適應炎熱多雨、防止太陽輻射密切相關，在設計與取材上有著許多獨到之處。

為了更強烈地反襯出太平洋島嶼居所的特色，在此不妨先介紹一下愛斯基摩人的雪屋。雪屋也是適應大自然嚴酷環境的傑作。一個嚴寒、一個酷熱，通過對比，太平洋島嶼居所的特色也許能更鮮明地反映出來。

身處北極嚴寒，構築居所最基本的要求是就地取材和保溫防寒。由於愛斯基摩人找不到用來作為建築材料或燃料的木頭，所以他們直接採掘冰雪來築造房屋。

這種被稱為「雪屋」的圓形房屋結構是這樣的：「用骨刀或牙刀將一堆被壓緊的雪切成大塊雪磚……將雪磚呈螺旋性堆砌，並向裡傾斜，每塊雪磚都是按照所需的傾斜度切成，這樣使以後的工序就容易得多。最後一塊磚是關鍵性的，要從外面準確地放上去。磚之間的縫隙都用雪封上，使整個建築形成了封閉式。在寒冷的冬天，其堅固性不斷增強，因為內壁化掉的雪馬上就能結成堅硬的冰……有些地區，主要的房間裡還鋪上一層獸皮，獸皮用穿過屋頂的粗繩和套索釘固定，皮頂和雪頂之間留有很大的空間。利用這種內層和雪頂的出氣口，可將溫度維持在十到二十度之間。即使這樣，圓頂也不會嚴重融化，因為在屋頂和屋內之間總有冷空氣。」❼

　　愛斯基摩人的雪屋在那個獨特的自然環境中也許是無與倫比的，因為它最大程度地利用了自然材料，又將保溫驅寒的功能發揮到了極點。「流線型的半球狀能將對大風的阻擋效力增強到最高限度，而且暴露在寒氣中的表面最小……乾雪似乎不太容易用作建築材料，但對於北極地區的人們卻是所能想像到的最佳選擇。因為其貯熱容量很小，這意味著雪壁有良好的絕熱性能。而且它用冰水澆成，內部就像一個輻射熱反射器。總之，這種圓屋是抵禦寒風的第一流住宅，而且幾乎是最理想的貯熱容器。」❽

　　與此截然相反，地處赤道及南、北回歸線以內的太平洋島嶼居室所要解決的問題是如何最大程度地散熱驅潮，以及如何最大限度地抵禦雨。因而，看起來極為簡陋的居室，卻有著其內在的特殊功能。

---

❼　〔美〕P・K・博克：《多元文化與社會進步》。
❽　〔美〕P・K・博克：《多元文化與社會進步》。

散布於太平洋各島嶼上的種種居室形制不盡相同，但在功能上卻大同小異，它們都具有下列的一些基本點：

就地取材——熱帶地區有著豐富的植物資源，樹幹、樹枝和樹葉及各種茅草是主要的建築材料。植物性建築材料既有助於散熱，萬一如果倒塌下來，也不易砸傷人。須知在太平洋島嶼地區，地震活動極為頻繁。

通風避風——以薩摩亞的住房為例，其建築式樣與愛斯基摩人的雪屋一樣也是圓形的；四周圍都是柱子，屋頂用茅草加以覆蓋，柱子與柱子之間掛有簾子，放下可遮陽避暑，捲起可通風納涼。這種房子沒有門，但到處都是門，可以稱作涼亭式建築，等於是最大限度地讓氣流通過，以帶去潮熱。如果海洋風暴襲來，圓形結構也最易避風，同愛斯基摩人的圓形雪屋一樣，使對風的阻擋效力增大到最高限度，可謂異曲同工。

隔熱散潮避雨——位於熱帶區域的太平洋島嶼，炎熱、潮濕、大雨、強光是主要的氣候問題。因而居室一般都高於地面。有的像日本式房屋，地板高出地面約〇‧五米；有的像我國傣族的干欄式建築，人住在用木柱高高支撐起的二樓或三樓，下面用來飼養牲畜。

大洋洲島嶼上有些居所屋頂的坡面極陡，有的近乎垂直，一直延伸到地面，這樣可以迅速排泄周期性大雨的積水——這種呈垂直狀的屋頂實際上也就是牆壁。在有些地區，居室被建造成一面坡式，即只有向陽的一面有屋頂（牆壁），上面再厚厚地覆蓋上茅草、樹葉。厚草、厚葉具有很低的貯熱能力，能夠反射而不是吸收陽光。這種居室在炎熱、潮濕、多雨的島嶼內陸十分多見。

有的村落，每幢房屋之間有木橋相通，人們可以利用木橋走家串戶。

有些地方把房屋建築於海岸，在房屋與海岸之間架設橋樑，一旦遇到外來入侵的險情，人們可將木橋拉向自己一邊，以保安全。

說到為保安全而設置避難之處，那最著名的莫過於「樹居」了。前文中曾提及的那位叫作彭尼的牧師在參加了美拉尼西亞布道團後被派往佛羅里達群島。那裡風光優美，但出發時彭尼的內心卻十分不安。因為他聽說，與佛羅里達島相鄰的所羅門群島上那些以割取敵人首級作戰利品的土著，這時正乘著他們的獨木舟外出一百多公里之遠去其他島嶼偷襲。附近的伊薩貝爾島上的居民極為恐慌，剛一得到敵方已發出攻擊的消息，便紛紛逃到他們構築於樹上的避難所裡。

後來彭尼考察了這些「樹居」，他寫道：

築有屋子的這棵樹肯定有一五〇英尺（約近五十米。作者注。以下同），低處的樹枝都砍掉了，在離地八十英尺（約二十六米）高處的平台上造起屋子，平台以下只剩光禿禿筆直的樹幹。爬上屋子用的梯子是把許多根橫檔綁到結實的長杆子上做成的，長杆子的長度不夠就對接起來，橫檔的兩頭都用一根藤條搓的繩子綁紮牢靠……我爬上平台，走進屋子時，這裡的情況使我大吃一驚；我在下面怎麼也沒想到，建造這些屋子的技術會如此嫻熟。光滑、平坦，又極為整潔的地板是用劈開的竹子做的，編織得很緊密；地板鋪在一層軟樹皮上，軟樹皮下面是平台的木架。四周的牆壁是用竹子緊緊綁在一起搭成的，屋頂上蓋的則是西谷椰子樹的葉子。屋子中央有一小圈石塊，圈

內鋪著一層沙子，生火就生在這上面。屋子的一角放著一堆薯蕷當食物，旁邊還放著一大碗水。這屋子量下來有三十英尺（約十米）長、十五英尺（約五米）寬，一次可供四十個人避難。❾

如果戰爭發生在大陸平原，也許躲避戰亂的最佳方式是地道，然而在叢林密布的海島上，樹居卻是最佳選擇。這也是一種自然選擇，島民把智慧用到了樹上，而不是地下，但其實用功能卻完全相同，在精巧上也各臻其善。

衝浪運動的祖先

當衝浪運動最初通過電視被介紹出來時，我深深被這項驚險、刺激，甚至可以說有點瘋狂的運動所吸引。它真正稱得得上是一項智勇兼備的體育運動。沒有勇、沒有英雄膽量，怎敢與狂浪嬉戲，因為這無異於是在玩命；而沒有智、沒有高度的技能和豐富的經驗則根本無法駕馭瞬息萬變，其勢洶湧的巨浪。我被那些在浪尖上瀟灑自如的白人折服，被他們的大智大勇折服。

後來漸漸知道，這項運動起源於澳大利亞與紐西蘭，後來又在歐美風靡一時，深得那些喜愛冒險的白種青年喜愛。一時間似乎只有學會衝浪，才稱得上是傑出青年，因為它既需動腦，又極富刺激，實在是一項高尚而又具有挑戰性的運動。

然而，衝浪並非白種人的發明，早在數百年前，太平洋島

---

❾ 〔美〕蒂莫西・塞弗林：《消亡中的原始人》。

民就已經在白人面前表演這種絕技了。當庫克船長最初在夏威夷目睹波利尼西亞人的這一驚險把戲時，他驚訝地瞪大了眼睛。他是這樣描寫的：

> 在海面十分開闊、驚濤拍岸的地方，有時有二、三十個人各自平臥在長寬同他們身體相近的一塊橢圓形木板上划下水中，此時不依靠滾滾的潮頭。划出一段距離後，他們就緊緊站穩在板上，用雙臂控制板的方向。到撲向岸邊的最大浪頭襲來時，他們就隨浪頭一起向前推進，靠手臂的平衡動作穩住在浪尖上。巨浪以極為驚人的速度把他們送出，他們憑藉高超的技藝把握住木板，使之始終以恰當的方位處於浪尖上，並隨著巨浪改變方向。要是誰能在因巨浪的突變而遭襲擊前隨浪接近礁石，他便大受讚揚。剛一看到這種危險的娛樂，我無法想像這是真的，總認為他們有的人肯定會在尖峭的礁石上撞個稀巴爛；但當他們離岸很近，剛要抵岸之前，便棄板縱身跳入水中，到浪頭突然轉向，那木板已被浪頭送離岸好多碼遠了。一般情況下，大多數人都被浪頭打入水中，他們避開浪頭的衝力，跳入衝擊不到的水中在水下游泳。這些人通過諸如此類的一番訓練，就可以說差不多是兩棲的人了。❿

　　庫克本人雖然很快就抓住了衝浪的要領，卻從未實地嘗試過，可能畢竟有些膽怯吧！

　　波利尼西亞人才是現代衝浪運動的祖先，這是無可辯駁的事實。仔細想想也並不奇怪。太平洋島民大多是剛剛學會走路

---

❿　〔美〕蒂莫西・塞弗林：《消亡中的原始人》。

就已學會游泳，他們祖祖輩輩與大海交朋友，敢於駕馭簡陋的獨木舟長期出海不歸，什麼樣的狂濤巨浪沒有見識過！他們非但不被大海征服，反而由於摸透了大海的脾氣，敢於和大海嬉戲。衝浪運動不過是遊戲之一而已。這再一次証明，在特殊環境下生存的特殊人類群體，能夠發揮出適應和駕馭其環境的高超本領，這就是其足以使其他民族感到不可思議的特殊智慧。

如何駕馭海洋而不被海洋吞沒，這是太平洋島民的一種智慧；如何在艱苦的生存環境中追求生命的刺激與快樂，這是太平洋島民的另一種智慧。這兩種智慧在衝浪運動這件事上集中體現了出來。

不僅僅衝浪，現代體育運動有許多項目，尤其水上運動，都深受太平洋島民的影響。島民也喜歡賽龍舟，常常在島際之間舉行這種比賽，使用的船隻當然是獨木舟。作為現代體育的賽艇，很多方面與島民的龍舟競賽極為相似。首先是船隻，賽艇與獨木舟一樣，也被製造得極其輕巧修長，力圖使船身可以浮掠在水面上，使速度更快。至於槳的形狀、放置的位置、操作的動作、人員的配備，也無不相像。

可以確信，帆船、帆板等運動項目在一定程度上從太平洋島民那裡得到過啟發。例如，帆板，與密克羅尼西亞人使用的帶帆獨木舟何其相似：都是船體極小、帆極大。帆的裁作極為複雜，重在利用風力來平衡船體，控制方向並驅動之。

近年來，歐美又興起一種極具冒險性的運動 —— 高空彈跳。選手們用繩索緊緊地綁住小腿，從幾十米高的跳台上跳下去，人體當然是呈頭朝下，腳朝上的姿態，繩索的長度正好足以把身體拉住，以免撞地受傷。由於縱身跳下時人體的重量帶來巨大的拉力，繩索會在半空中如彈簧般反覆多次地彈起、落

下，落下、彈起，直到最後停止不動了，才被其他人拉起來。選手如果沒有足夠的膽量和控制自身的高超技巧，也許在半空中就已嚇得昏死過去了。這項運動大多在懸跨於峽谷中的橋樑上舉行，既有深達數十米、甚至數百米的懸崖，又有湍急的河流從下方流過，景象極為刺激、壯觀。

想不到的是，這也非白種人首創，又是太平洋島民的發明。在一座叫作憲德可斯島的南端居住著萬那杜人。萬那杜人中有一種奇特的風俗——跳陸。其方式與上述的冒險運動一模一樣，只不過跳台是專門搭建起來的高達七十多米的木架。

關於跳陸的起源，有這樣一則有趣的傳說：從前有一位萬那杜婦女，因受丈夫虐待，屢次出走，但都被丈夫捉了回去。有一天，她又出去，爬上一棵榕樹。她丈夫發現後，也跟著爬了上去。當丈夫快要抓住她時，她縱身一躍，卻未受傷，原來她雙腳被榕樹藤纏上了。而她的丈夫也跟著跳下去，結果卻活活地摔死了。在萬那杜人那裡，跳陸不僅僅是為展示一個人的膽量，同時帶有祈求農作物豐收。另外，也是促使女子向男子表示愛情等等的社會活動項目。

參加跳陸者必須是男子。跳架雖然最高可達七十多米，但在不同的高度都設置了跳台，男子可根據自信和膽量，分別選擇不同的高度。根據慣例，男子可從跳架旁邊的樹上採一些樹葉丟下去，如有少女將飄落的葉子拾起來，即表示有意於他。另外，跳架下面那塊土地是被精心處理過的，被掘鬆達〇・三米深，以防意外。最後，跳陸者緊握雙拳，貼在胸前，向前一躍跳下。當他的頭離地尚有十多釐米時，繫著雙腳的藤帶被拉直了。如果一切順利，跳陸者的頭髮會掠過鬆軟的土地，這預示著農作物會豐收；在架下等候的男人會把他腳上的藤帶切掉，並把他高舉起來，女人們則圍著他載歌載舞。

· 跳陸（高空彈跳）

看得出，除了場地和繩索的質地不同外，其餘一切，西方人都模仿了太平洋島民。當代人不再需要藉此祈求豐收，也不再需要藉此傳遞愛情。但對太平洋島民的這份智，這份勇，這份創造，這份敢於冒險、敢於挑戰的精神卻是十分需求的。

原始的醫術，驚人的效果

疾病就像人類的影子，不管身處何種環境，不管社會發達程度如何，都難以擺脫。同生存一樣，疾病也是人類不得不竭盡心智去解決的重大課題。

太平洋島嶼上的居民雖然尚未建樹起發達的醫學體系，但他們也有著許多卓有成效的施治技術。例如，身患風濕病之苦的庫克船長，從十二名塔希提婦女手上領受了兩次殘忍的推拿之後，欣喜地宣稱，他的病已大見緩解。當然，這種推拿方法為歐洲人所不知，是否留傳至今，也無法肯定了；但是可以相信，世世代代居住在海島上的居民應該對風濕等諸如此類與潮濕氣候有關的疾病有特效的妙方——這也是生存環境逼迫出來的生存智慧。

在波利尼西亞人那裡，一旦有人中毒，就立即把患者的頭浸入海水中，使其喝夠足量的水，再把他拉上海岸，在岸上翻滾，使之把胃吐空。在遇到全身發生痙攣的特別危險的中毒時，甚至把病人埋入土中直至下顎處。

在澳大利亞土著那裡，有許多行之有效的民間醫療方法，其中一些手段在我們看來簡直不可思議——

「在流血的創傷處敷膠泥、蛇脂或其他動物的脂肪、鳥

糞，某些樹脂、無花果屬植物的乳汁，以及浸在粥劑裡的有時滲和了赭石的莖葉等等。也有的用人尿、人乳來治療創傷。上述某些物品也用於治療腫脹和膿瘡……用軟木樹皮包紮傷口，木炭、灰、蜘蛛網、蠵蜥蜴的脂肪用來作為止血劑。」

「治療蛇咬傷的辦法有：吸出毒液，紮緊身上被咬的部分，炙烙咬傷處，環狀切除。身體有些不舒適時，像是頭痛，患風濕病，則用切口的方法放出病血。」

「皮膚病的治療方法是：敷膠泥，塗紅赭石，擦上某種樹皮的浸液，用尿洗滌。」

「在發炎、熱病的時候，則用冷洗劑。在感冒、風濕病及其他病痛時，就迫使發汗……某些部落建有真正的蒸汽浴室：挖一個土坑，用炙熱的石塊把它燒熱，在石塊上鋪一些潮濕的樹枝、樹葉，在土坑上面用樹枝桿蓋一個頂棚，而讓包裹好的病人好好地躺在裡面。有的把病人放在浸了水的濕土裡或沙子裡埋上四、五個小時。」

「在治腸胃病時，則用瀉藥（蜜、按葉膠、篦麻油）和止瀉藥（各種酊劑、齒舌苔球、膠泥等等）。」❶

有必要說明的是，土著大多就近取材，直接使用自然物為藥。其次，生活環境的不同，使土著所易罹患的疾病也和現代人大不相同，他們不必為高血壓、糖尿病、癌症等「文明病」發愁，而對那些常見病的治療手段，從某種意義上講，比現代醫學更簡捷、有效。

在新幾內亞、美拉尼西亞及波利尼西亞，部落戰爭十分頻

---

❶ 〔蘇〕C・A・托卡列夫、C・II・托爾斯托夫主編：《澳大利亞和大洋洲各族人民》。

繁，刺激了外科手術技巧的發展。波利尼西亞人從狗耳中取血，煮熟了使之凝結，用作塗敷劑或內服藥，被認為是治療矛傷的良藥。

俾斯麥群島上的居民高度熟悉人體解剖，他們在極其簡陋的外科條件下，敢做一些現代高明醫生都不敢下手的複雜手術。例如，在額骨受傷時，會有專人進行穿顱治療。施行手術之前，先仔細觀察，只要不是太陽穴受傷，手術就不會帶來致命威脅。手術刀由曜石、貝殼或鯊魚牙製成，並不做什麼消毒手續，直截了當地切開頭皮，取出碎骨。如果骨片掉進腦內，再想辦法找出來。最後將刀口處弄平，蓋上一片樹皮和芭蕉葉，用水洗淨，就算了事。這種困難而危險的手術，在土著醫生手裡做起來都很順利，患者很快就能恢復健康。

美拉尼西亞地區的土著醫生對於醫治骨折有很高的技術。除了通常用的夾板外，有時還用一種很冒險的辦法，用削尖的竹片由外傷處直插進去，將折斷的骨頭加固，然後把受傷的骨節緊緊紮住。約過兩個星期，再將竹片取出，聽任傷口長好。這種可怕的手術在大多數場合下居然有著良好的效果。

在對疾病的來由以及如何施治這些基本問題上，不同的文化表現出極大的差異，像是中醫和西醫就是判然有別的兩個系統。處於文明不發達階段的太平洋島民對於疾病的觀念與今天的「文明世界」也完全不同。在我們看來，他們對疾病的理解是迷信的，治療的過程是一個施加巫術的過程。但令人驚訝的是，這種更強調心理治療的方法，卻往往有著現代醫學都無法達到的效果。就像前面提到的那位敢做穿顱手術的醫生，他必定是一位巫師，他掌握著我們今人或者說用我們的思維所無法理喻的神奇手段。

這種手段看似與中國的氣功接近，但也許在內在機理及修

練方式上又完全不同。然而有一點共同處是可以肯定的，即都強調心理上的神祕作用，施治一方對自己的神奇手段高度自信，受治一方也對對方的神奇效果深信不疑。

像上述那些高難度手術，醫生（即巫師）必定口中不停地念著咒語，才敢果斷下刀，手術的成功亦即巫術的成功。塔斯馬尼亞的巫醫給人治病時常用的方法，就是在病痛處進行按摩，接著念咒，用一種假想的動作從身體上取出病骨或病石。塔斯馬尼亞人的脖子上常常帶著死人的手骨、腳骨和頷骨，有時甚至帶著已故親屬的顱骨，作為預防一切疾病的護身符。巫醫常常把死人的骨頭貼在病痛的地方，用死人骨頭上刮下的粉末與浸泡骨頭的水調和，讓病人服用。這些舉動，在我們看來，並無真正的療效，但對篤信巫術的土著而言，卻有著不可忽視的心理效果。

現代科學雖然無法解釋氣功和瑜伽，但至少保持一種尊重的態度，認為它是一種智慧；對巫術就沒有這麼客氣了，一般都嗤之以鼻，以迷信一言以蔽之。其實氣功、瑜伽，包括中醫前身，也有很大的巫術成分。太平洋島嶼上的巫師認為人之所以得病是因為鬼魂附體或中了其他巫師所放的蠱毒，這在我們看來很可笑，但如果社會上任何一個人都這樣認為，那你也會不得不認為這是確信無疑的事。

巫師與巫術在他們那個特定的社會有著特定的崇高地位。「他對他那個社會是有用的。」他的所作所為對社會會產生重大的影響。從這一點看，我們就不應該對他們的智慧加以否定。而且，認為巫術是可笑的人，也不能不承認巫師所具備的那種神奇作用。

Chapter 3
社會整合的密碼

豪華宴

如果留心有關介紹太平洋島嶼文化的書籍、報導及影視節目，那你想必會注意到，幾乎處處都會提及「豪華宴」這種在太平洋大部分地區極為盛行的風俗。難道它僅僅是一場宴會而已嗎？事實並非如此簡單。

在此有必要對「豪華宴」再做一番詳細介紹。豪華宴一般在重大場合，如婚禮、葬禮或宴請重要客人時舉行。當然，當族長、頭人需要族人為他做事時，或者獵人獲取獵物時，或者魚蝦的捕撈季節，眾人也都會被邀集在一起，一同參加宴會。豪華宴具有集體性質。

豪華宴的製作方式從位處西太平洋的新幾內亞到東部的波利尼西亞群島都大同小異，採用的是「地爐燒製法」：即先在地上挖個大坑，放入許多樹枝，燃起篝火。當火被燒旺時，再將一些石塊投進去。石塊燒得很燙後，先夾出一部分，再把用樹葉包好的食物如薯芋、豬肉、魚等放進去。放一層，把燒熱

的石塊在上面覆蓋一層。最後，往石頭上灑一些水，用樹葉、樹枝和泥土把爐口封起來。接下來的事就是在香味撲鼻的騰騰熱氣中坐等取食了。

其實，「地爐燒製法」在其他民族和地區也能看得到，它只是人類飲食烹製多種方法中的一種，並不稀奇。但在太平洋島嶼地區，如果用地爐法燒製食物，在大多數情況下，一定是場豪華宴。

本書在前文中已有介紹，在太平洋島嶼上，人類的食物來源一是魚類，一是極為高產且容易栽培的根塊性植物，如薯蕷、芋頭，還有香蕉、椰子、麵包果及西米等等。但魚類並非最主要的食物，在內陸地區，還十分難得，因為在高溫條件下，很難運輸和保鮮；肉類也相當稀罕。因而食物的主要來源是植物。

例如，西米，其實是一種棕櫚樹的樹心，在它成熟即將開花時加以收穫，這時它的樹幹裡貯藏了大量澱粉。西米棕櫚砍倒後，把硬質的樹皮剝下扔掉，就露出含澱粉的內蕊，內蕊切成塊後，用一把專用的錘子搗成糊狀，藉以把澱粉從木髓的粗纖維中分離出來。然後這糊狀物便放在一個通常用大西米棕櫚葉做的水槽中沖洗，澱粉隨之沖出，進入一個沉澱盤子中。一待澱粉沉入盤底，把盤裡的水排掉，粗質的西米粉便可用葉子包起來食用。

有時西米粉並非直接用來食用，而被用來繁殖一種叫作西米蛆的柔軟的白色幼蟲。西米棕櫚被砍倒後，先在樹幹上挖個洞，放進甲蟲，甲蟲產卵，卵再孵出蛆。大約六周後便可收蛆食用了，那時蛆已長至五釐米長。

無論是薯蕷、芋頭，還是西米，味道都極平淡。西米蛆也

· 豪華宴

許是美味，但數量有限，不能大快朵頤。這些食物的燒製方式
也極簡單，只是稍加蒸煮或烘烤而已，或者直接生吃，調味料
往往不過是一碟海水。

在內陸地區，鹽較珍貴，食物就更淡而無味了，醬油、味
精等調味品根本無從說起。島民平時享用的飯食不過如此而
已，所以如果有哪一天地爐被採用，那一定意味著這是一件關
係到許多人的大事。因為用地爐燒製需要花費很長的時間，投
入大量的食物，一家人的飯菜不可能如此費心炮製。其中必有
平時吃不到的美味，如豬肉、大魚、家禽等等。如果在山區，
再加入一些飛禽走獸等野味。如果是海邊，菜單可以更豐盛一
些，如龍蝦、螃蟹、海鷗、海龜等等，以及一些平時難以捕到
的珍稀魚類。

酒是不可缺少的；一種類似於啤酒的飲料——「卡瓦酒」

在太平洋地區最為流行，過去只有在豪華宴上才得以暢飲。

豪華宴往往一開就是好幾個小時，除了製作時間長外，各種儀式、講話乃至享用，都是極費時間的事。宴會結束後少不了舞會，舞會的時間更是無法控制，通宵達旦是常有的事。

顯然，豪華宴具有這樣一些特色：燒製時間長，宴會時間長，參加者眾，氣氛熱烈，食物豐盛，難得盛行。然而，讓人不可思議的是，為什麼平時吃得如此糟糕，而在豪華宴上卻如此大肆揮霍？對食物資源不能做合理的平均消耗嗎？

如果我們也是一位太平洋島民，平時吃的一直是淡而無味的薯蕷，可想而知，對於那頓可以放開肚子有肉吃、有酒喝、能夠跳舞作樂的豪華宴該有多麼嚮往。乍看起來，似乎太平洋島民愛吃，生活的目的就是吃，當食物資源積累到一定程度後，就以大吃大喝的形式把它消耗掉。這種行為非但不明智，還有幾分傻。但如果吃透了「豪華宴」背後的潛台詞，可以說豪華宴非但不傻，而且還是一個相當聰明的舉動，有它存在的必然價值。

既然豪華宴成為眾所矚目、人所嚮往的一件大事，那麼它在社會生活中的作用就不僅僅是飲食本身，它成為一種生活的目標，成為人所追求的理想之一。太平洋大多數島嶼上的社會結構大多尚未發展到等級複雜、對立尖銳的階級社會階段。等級之分雖然存在，但頭人、族長、酋長與普通成員之間仍然有著直接的頻繁交往，豪華宴就是這種交往的重要形式之一。

由於頭人掌握著較多自然資源的支配權，因而以頭人為主人的豪華宴較為普遍。當頭人的豪華宴成為族體內其他成員所嚮往的生活目標時，頭人的地位、威望也就自然而然凸顯出來。同時，飲宴舞樂是一件快樂的事，易於促進感情的交往、溝通、鞏固、加深。豪華宴事實上成為感情交流的紐帶、樹立

威望的象徵。

當豪華宴的目的是為了宴請外來賓客時，賓客所帶來的禮物一般不為頭人私人佔有，而是留在族體內成為公共財物。如果進行分配，則由公認的人選主持舉行，族體成員皆可因此得到好處。

婚禮、葬禮以及為慶祝狩獵成功而舉行的豪華宴可以提高舉辦者在社會上的名聲，顯示自身在社會中的地位和價值，因而是每個社會成員都樂意從事的。能夠有機會舉辦豪華宴，其主人必然因此而獲得無上光榮。

豪華宴並非沒有節制，賓客們的狼吞虎嚥，遠未超出食物再生的界限。豪華宴也非集中在一段時間內頻頻舉行，而是有一定的時間間隔，以保障食物資源的有限利用和再生。據說，豪華宴在某種程度上還能協調同一地區因收穫不均而帶來的不平衡。例如，豐產的地區一般比歉收的地區舉辦的豪華宴要多；歉收地區的人除了可以放開肚子吃外，還可以帶回一部分。這樣，豪華宴甚至成為互助、自救的有效手段。

總之，豪華宴在太平洋島嶼上有著微妙但不可估量的巨大作用。一方面它成為凝聚社會成員相互關係的黏合劑。通過組織豪華宴，參加豪華宴，社會成員之間自然而然建立起來的良好關係，保障了社會的穩定和平衡，也易於消除彼此之間的隔閡。另外，在特殊的場合，甚至它還具有經濟意義的賑災扶貧作用。其次，豪華宴又是一帖刺激平淡生活的興奮劑。如果生活沒有起伏，人生過於乏味，那是難以容忍的事，對於喜歡刺激、追求浪漫的太平洋島民而言更是如此。

豪華宴起到了節日般的作用，它給生活灌注了活力，給生活帶來了節奏般的起伏。吃著寡味的薯蕷，想像豪華宴的美

味，這種生活方式，也許比吃得不好不壞，但從此失去期待更易為人接受。

一位酋長的誕生

當歐洲人進入太平洋島嶼時，除了夏威夷主島、東加、薩摩亞、塔希提等幾座大島，社會等級已較複雜，政治集權已較顯著，並出現王室外，絕大部分地區，尤其是小島，社會形態仍處於十分原始的狀態。即擁有共同血統或具有姻緣關係的人們居住在一起，人數大多不超過一千，形成一個自然村落，由稱為族長、頭人或酋長的人統治。在這些基層首領之上也許還有大酋長，但控制不會很嚴格，只是一種名義上的從屬關係。

人類必須依賴群體才能生存，而群體又必然需要一位首領。太平洋島嶼的首領是如何誕生的？他又是如何保護其權位的？讓我們選取一位「酋長」為代表，來考察一下太平洋島嶼上的「政治智慧」。

權位的獲得不外乎三種手段：（一）推舉，自然式的榮膺；（二）繼承；（三）動用軍事力量。最後一種在太平洋島嶼大多數地區尚未採用。雖然每一個男子都是天生的戰士，但那是一致對外的，在社會集團內部，它不能被用來作為政治實施的工具。因而繼承與推舉是主要的兩種方式。這兩種方式並非截然分開使用，一位首領的誕生往往既有繼承的因素，也有推舉、競爭的因素。只不過因地區而異，有的地方更重繼承，有的地方更重競爭。例如，在波利尼西亞地區，繼承被認為是決定社會地位和職責的唯一基礎，但這也僅僅是規定了社會的某一部分人有可能獲得較高的社會地位，可以成為首領；並不

是說不需努力就輕易能夠當上酋長，或永保「王位」太平。薩摩亞的每一個村落都通行一些稱號，擁有稱號者才能在村社的日常生活中擁有發言權、參加選舉、擔任公職。但這些稱號具有特別的靈活性；稱號可以分割；新稱號可以創立，舊稱號可以消失。甚至稱號可以跨越村社，一個擁有稱號的人在本村不孚眾望，卻可以在鄰村承襲另一稱號。因而，在波利尼西亞地區，即便規定了有條件成為首領的種類和人數，還是存在著競爭。

至於美拉尼西亞地區，雖然也通行繼承規則，但由於社會

· 酋長的地位

層次相對上較簡單，所以使更多的社會普通成員也能有條件成為首領；通過努力與競爭，以獲取成就、贏得推舉，是主要的晉身方式。

在太平洋島嶼上為謀取權位而展開的競爭既非掌握武力、擁有軍隊，也非控制經濟，以財力左右他人。社會形態越是簡單，對首領的道德和威望上的要求也越高，這是一條人類學通則。道德意為大公無私，時時處處為眾人著想；而威望的獲取與否，相當程度上取決於道德積累的高低。

在許多島嶼上，為了獲取成為首領所必需的威望，「散財」成為一種有效的手段。即先積累財富，再散播財富；先為他人服務，再讓他人為自己服務。一個成功的人，並不能去看他手頭上積累了多少財富，而要看他控制著多少潛在的社會力量和經濟力量。換言之，有形的資本是貝珠串和豬，無形的資本是聲望。

例如，頭人的兒子在其父親死後，所能繼承到的財產其實寥寥無幾，因為不存在土地所有權的繼承，而且父親生前積蓄的資財一般都要在喪葬儀式的豪華宴上花去相當大一部分，所以如果想要出人頭地，還得從頭開始。利用自身的人際關係，通過不停地斂財和散財，才能使人們集聚在他周圍，以保証權力不遭旁落。

當上了酋長，並非從此高枕無憂，其權位時刻都會受到挑戰，因為覬覦酋長一職者大有人在。這些挑戰者所運用的手段一樣是想方設法抬高自己的聲譽和威望。

挑戰者可能是位園藝方面的能手，通過園藝，逐漸積累了財富之後，他就可以多娶妻、多養豬，這是擴大其聲望的有效方式。進而在別人有難之際，像是食物匱乏時，將食物饋贈或借貸給對方，形成感情或財產上的依賴關係。婚喪喜慶是挑戰

者表現聲望的大好機會，他會藉機為他的親戚及追隨者準備好大量禮物，並由他出面把他的追隨者聚齊，共同參加典禮。

這些舉動漸漸使他成為本村社許多活動中的核心人物。如果存在著其他挑戰者或在位酋長拚命想保住其權位時，就會出現壯觀的禮物競賽，任何一方都不惜血本，慷慨施予，力圖使自己最引人注目。因此出人頭地與其說靠積累，不如說靠贈與。積累的目的是為了贈與，而贈與的目的是為了抬高聲望，攫取權位。

一個人在過去對相當多的人做過相當多的事，當一旦必要時，就自然而然獲得平時感激他的一大群人的幫助。再由這批感他恩的人去控制他們周圍的人，這樣一環扣一環，這位首領的影響越來越大，控制範圍越來越廣，追隨者越來越多，領袖地位隨即樹立起來。政治影響通過一個中心向四周放射，中心點雖然不直接控制外圍，但影響的波及並不因此而減弱。一旦這位領袖衰老或死亡，整個政治結構通常就會崩潰，一切由繼承者或挑戰者重建。

正因為這種政治結構容易因挑戰者的出現而動搖，所以首領在獲取權位之後，鞏固威望與展示威望的工作不敢稍歇；即便地位是世襲而來，也不敢加以忽視。豪華宴就是展示威望的重要手段。

例如，一位叫作托馬斯·威廉斯的基督教傳教士曾記載了一位斐濟王公舉辦的盛宴：

「在這次宴會上，他雇用了二百個人，花費近六個小時的時間收集和堆放食物。這些食物包括五十噸熟薯蕷和芋頭、十五噸甜布丁、十七隻海龜、滿滿五車卡瓦酒以及大約二百噸生

的薯蕷。」❶

　　諸如此類，為了抬高聲望而帶來的鋪張、虛飾，在太平洋島嶼處處可見。如在紐西蘭和馬克薩斯群島，酋長雇用大量勞動力在山坡上開墾梯田種芋頭，或在設防地點構築堡壘。這些工程在規模上遠遠超過需要，成為虛飾炫耀，只不過是為了表明酋長養得起他們，能指使他們。

　　至於勞民傷財、花費高昂代價用於裝飾的事更是不勝枚舉。如在夏威夷群島，酋長們的羽毛斗篷是用數以萬計罕見的彩色羽毛細心紮成小捆後拼綴到細網底布上製成的，拼成的幾何圖案主要由黃色、紅色和黑色組成。

　　在美拉尼西亞佛羅里達島，大酋長的獨木舟被用螺鈿精心鑲嵌起來，鑲嵌的工藝極其繁複，因為每一塊螺鈿都藉著手工，用銼刀或石塊打磨到要求的形狀，然後在工匠的指導下，黏到船板拼縫的填膠上。作為大酋長，他從下屬的每一個村子徵用多達一千片至二千片的螺鈿。而一艘真正豪華的船隻可能要裝飾五萬片單片的螺鈿，當酋長乘坐著它赫然出航時，能夠產生震撼人心的效果，島民自然被他的威望懾服，無條件追隨於他。

　　可以這樣說，首領們沒有法律上規定或形式上確定的政治職位或權利，但他們是事實上的領袖。能否成為領袖，完全取決於威望獲得與否以及威望的高低。因而，宴席就是必要的政治投資，鋪張就是正常的政治表現。散財就是為了聚財，散財越多，聚財或者說人力、物力的可控程度也相應地越大。不過，在有些場合，這樣做未必發生期待中的良性循環，結果反而是惡性的。

---

❶　〔美〕蒂莫西・塞弗林：《消亡中的原始人》。

例如，在年收成不好，收穫匱乏，心灰意懶的村民決意拋棄曾一度給予過他們好處的酋長時，酋長常常會繼續用豪華宴等方式挽留追隨者。然而，這種豪華宴的性質已經變了，它屬於破壞性的。為了繼續炫耀自己的財富，酋長竟不顧再生能力的有無，變本加厲地消耗財物，不停地舉辦超大規模的宴會，甚至把財物投入火中付之一炬，以示富有和不屑一顧。當然這種自殺性的散財宴只能作用於一時，最後的結局終究是整個村社的滅亡。

榮譽和威望是人主觀評價的產物，它與人的感情相聯結，與人際關係相伴生。如果政治評價的主要標準是榮譽和威望時，那麼政治家就會不擇手段地爭取它、擁有它，哪怕是用自殺性的手段暫時擁有。因為除此之外，別無他途。首領在個人感情的紐帶基礎上讓人們服從他，通過慷慨的施捨使人們忠於他，通過魔法使人們對他敬畏，通過智慧、巧辯等使人們接受他的觀點，這些都是以首領個人的品性為基礎的。這就是太平洋島嶼佔主導地位的政治形態。最大限度地獲取威望，竭盡全力保持威望，就是相應的政治智慧。

送不完的禮

太平洋島嶼的物質生產並不怎麼發達，但那裡的居民卻特好送禮。禮物雖也有比較貴重的裝飾品，但大多數情況下，卻是普通的生活用品，主要是食物，如魚、薯蕷、豬等等。根據禮尚往來的原則，受禮者必須當即還禮或以後找機會還禮，於是你來我往，禮便永遠送不完了。在巴布亞新幾內亞，頻繁的送禮甚至演變成了節日，即「送禮節」，時間定在七月。為了

過好節日，人們很早即開始準備，禮物多為有袋類動物、蔬菜、玉米、薯蕷、香蕉。選好禮物後，再仔細分類包裝，寫上送禮人和受禮人的名字，集中堆成一個禮品堆。舉行送禮活動時，被邀請者手持長矛、弓箭，先圍著禮品縱情歌舞。最後點名送禮，其他人吶喊致賀。受禮人要記住送禮者，以便下次送禮節回禮。

在其他地區，雖然沒有「送禮節」的說法，但形式內容是大同小異的，結婚送禮、葬儀送禮、赴豪華宴送禮、部落之間送禮，氏族內部首領與部落成員相互送禮，在一片皆大歡喜中，人們互相聯絡感情，消除隔閡；在一片送禮聲中，送禮者的名聲和威望得到進一步的播揚和提高。

位於新幾內亞的特羅布里恩德島上的居民在自己的耕地上種植薯蕷，收穫後他們只消耗其中的一半就足夠了。但他們仍大量屯積薯蕷，而且是越多越好，越多越歡樂、越驕傲。這多餘的一半薯蕷就是為送禮而生產的。他們挑出其中最好的薯蕷送給有血緣關係的親友以及氏族首領。送給別人的薯蕷也是越多越好，越多名聲越大。受禮者、尤其是首領，把薯蕷統統擺出來，以象徵其聲望與權力。被用來送禮的薯蕷雖然是最值得讚賞，最惹人注目的，但它卻只被用於在視覺上產生強烈效果，並不進入口腹之中。自然，時間長了，這些薯蕷免不了全部腐爛的命運，但島民並不心痛。

薯蕷除了在氏族內部相互交換外，也在部落與部落之間當作禮品互相交換。這種交換是帶有競爭性的，榮譽歸於送禮競賽中獲勝的一方。雖然禮物送來送去，內容也是完全一樣，並非互通有無，但一定要送；送禮被賦予了遠遠超出送禮本身的意義。

我們不能簡單地理解送禮的本質。在部落社會中，「禮

物」並不是簡單地由一個人的名下傳遞到另一個人名下，而是通過禮物的授受關係，表達或強化一種社會關係。禮物是關係的象徵，它有著超越本身價值以上更高的價值。它所表明的關係至少有兩層：

第一、互惠。在雙方關係平等的情況下，禮物做雙向流動，一方授禮、一方還禮，相互提供體現聲望的機會。在雙方關係不平等的情況下，禮物等於貢品，集中地向一方流動，如氏族領袖可以收取來自普通氏族成員的大量禮品，而首領可能在過去已經或在將來以其他形式加以回報。

第二、互賴。彼此的禮品哪怕完全相同，但在你來我往的過程中，相互提攜、相互依賴的含義自然而然地表現出來，在交換物品的同時，交換著雙方的感情和友誼。

互贈禮物有時還是解決爭端的有效方式。當部落與部落發生衝突，爭端持續一個階段後，其中一方覺得在軍事上無力對抗下去，他們可能會向對方提出，換一種方式重新競爭。這種新的方式往往採用送禮，在新的一輪競賽中看誰送的禮多、禮好。在送禮過程中，建樹起新的威望、新的氣勢以壓倒對方。這樣戰爭被遏止了，雙方依然是在對抗狀態中，但卻演變成和平的對抗。

送禮、還禮、再送禮，太平洋島民興致高昂，永無休止地把送禮活動持續下去。從表面上看，這是一種物品的交換，但它卻不是為了交換物品而交換，哪怕是純屬浪費也要交換。交換物品只是媒介，通過媒介，把人與人、部落與部落、感情與感情、信息與信息連結在一起，才是送禮的本義。這就是送禮之事長盛不衰、備受喜愛的根由之所在。

庫拉交易

　　感情交流的重要性不僅作用於社會、政治諸領域，甚至在貿易上也不例外。將新幾內亞島東南部同特羅布里恩德群島及周圍島嶼聯繫起來的龐大土著貿易體系——「庫拉」交易，如果究其原因，實質上也是一場以送禮為形式的感情交流。

　　英國人類學家馬林諾夫斯基在其《西太平洋中的亞爾古英雄》一書中曾對這種獨特而有趣的貿易往來有過詳細的記載。書中描述的亞爾古英雄即特羅布里恩德群島的居民以一葉扁舟穿越茫茫大海，到其他島嶼上進行貿易活動。促使他們不惜冒險出海航行的主要目的，不是為了交換日常生活中所需的必備物品，而是交換那些不具實用價值的裝飾品，即白色芋螺貝殼製作的手鐲和紅色海菊貝殼製作的項鍊。這種貿易在形式上有著嚴格規定，即兩種交換品絕不能停止流通。它們沿著貿易網一站接一站直接傳遞，在傳遞的過程中使臨時的佔有者擁有臨時的威望。為了使這一體系持續運行，這兩種交換品不斷沿著相反方向循環，即項鍊做順時針方向流通，而手鐲做逆時針方向流通。這一方式是絕不變更的，最終結果是物歸原主，周而復始。這就是所謂的庫拉（Kula）交易。

　　在庫拉交易順利完成的前提下，可以適當地按需要搞一些其他商品的流通，如陶器、刀斧、西米、椰子和獨木舟等等。但這些都是附帶的物品。沒有手鐲和項鍊的交易，就沒有附加商品的流通。

　　庫拉交易更像一種遊戲，它在交換的人數和方式上有著嚴格的限制。年輕人以能參加庫拉交易為榮，他們一般由男親戚介紹加入圈內。年輕人只要繼承或接受了親戚交給的一只手鐲或一條項鍊，就可以進入遊戲圈了。

在特羅布里恩德人眼裡，庫拉交易品有著崇高的價值，它很少用來「購買物品」，但可以作為結婚禮物，或建造木舟所需的報酬。當庫拉交易船遠航到達海岸後，貿易伙伴們互致問候，發表禮節性的講話，然後就是互贈禮品。一般接受一方回贈的禮品要更豐厚一些。如果貿易伙伴尚不能立即奉上與禮品相當價值的回贈時，贈禮者也不會沮喪，他們充滿希望，下次相見時，伙伴絕不會讓自己失望。

這真是聞所未聞的貿易體系，貿易組織和貿易規則如此謹嚴，貿易者不辭辛勞，遠渡大洋，卻只是在做一場遊戲；遊戲中所交流的並非有價的商品，卻是無價的感情和威望。每一位參與者，每一位擁有者都力圖通過這些無用的奢侈品，培植感情關係，獲取他人的讚賞，為自己帶來尊榮。達到心理上的虛幻滿足，要遠甚於財物上的實際滿足，這在世界貿易體系中也許是獨一無二的。

庫拉交易給島民生活帶來的影響不可估量，它打開了島民閉塞的視野，使他們與外界的交往成為定期的不間斷活動。遠航也促使了獨木舟製造技藝的提高。更重要的是，庫拉交易使參與交易的地理上支離破碎的各個島嶼形成了一個整體，誰擁有價值最高的奢侈品，誰就能成為最高地位的領袖，那些手鐲和項鍊變成政治性資本，而庫拉交易網事實上構成了鬆散的政治聯盟。

不管主觀上怎樣將商品交易視為奢侈品交易的附屬活動，但事實上的確是通過無價帶動了有價，通過無用帶動了有用，一個經濟上互通有無的貿易體系客觀上因奢侈品交易的存在而存在，發達而發達。

也許已無法解釋庫拉交易最初是如何起源的，究竟是為傳播威望，還是為了貿易交往。無法否認的是，孤懸一方的各島

嶼需要交往，而且是定期的緊密交往。庫拉交易也許只是一個外殼，一種形式，它得以存在及延續是因為參與者可以藉此主動或被動地納入一個開放的交往網絡。這對於因地理隔絕而容易封閉自守的島民來說，應該是極為重要吧！

因此，庫拉交易只是一種形式，一種擴大影響與聯繫外界的形式，它以嚴謹有效的手段保障這種開放不受中斷。除了庫拉交易，在有些島嶼之間還存在著固定的新娘交易以及其他特殊物品如貝殼、陶器、豬及豬牙等的固定交換體系，只是規模沒有庫拉交易那麼大，規則沒有那麼嚴密而已，但作用並無不同。以新娘交易為例，族內婚幾乎在任何地區都是被嚴格禁止的，於是，島際之間相互交換新娘既避免觸犯這一禁忌，又能達成頻繁的固定交往。特殊物品的交易也一樣，其中幾乎沒有島民缺乏了它就不能生存的東西。可見島民交換的主要並不是物品，而是一種「打破隔絕」的渴望。

獵取人頭，究竟是為了什麼？

如果因為太平洋島嶼有著迷人的風光、純樸的民風，而認為這是一片祥和寧靜、充滿友愛的極樂之地，那就大錯特錯了。島嶼的眾多、部族的差異，以及政治上的不統一，使島與島之間、部族與部族之間充滿了敵意，衝突永無休止之日。這裡的敵人消失了，很快又會有新的敵人從其他地方冒出來。

戰爭的原因也並非像人們所推測的那樣，僅僅是為了土地、資源或女人、奴隸。想當然的侮辱或微不足道的損害，都足以成為戰爭的起因。

在巫術盛行的地區，如果部族內有人受傷、死亡，那一定

會被認為是其他部族施放巫術引起的，為此就有必要發動戰爭。如果戰爭世代持續下去，就演變成血親復仇。

頻繁的戰爭使太平洋島民的武器極其發達，遠遠比生產工具發達。常見的武器有各種各樣的棍棒、矛戈、投石器等等。棍棒以波利尼西亞人的狼牙棒最為有名，它用質地沉重的樹木製成，分投擲用和打擊用兩種。投擲棒槌用小樹的下半截製作，樹根做頂部，樹幹做成長約三十～五十釐米的手柄。有一種投擲棒槌的頂部裝有許多粗鈍的木釘，木釘像車輪的輻條一樣向四方突出。手柄部分刻劃有凹槽，以使棒槌不易從手中滑脫。打擊用的棒槌一般在其前端做出許多尖利的鋒刃，呈鋸齒形，同中國古代兵器狼牙棒極其相似。英國人在同紐西蘭土著毛利人作戰時，曾領教過狼牙棒的厲害。尤其是近身格鬥，精通這種武器的土著遠比手握軍刀的歐洲人厲害。

在太平洋島民那裡，長矛是投擲用的。它也用質地厚重的木頭製成，長矛的尖端或在火裡烤焦了以增加它的硬度，或在其上繫有石頭、骨或貝殼等尖銳之物作矛頭。波利尼西亞人甚至綁上鯊魚的牙齒，極為可怕。長矛最長可達三・五米。長矛除用手投外，有些部族也使用拋矛器。在美拉尼西亞南部，人們用短繩螺旋狀地纏住長矛末端，在投擲時，使長矛迴旋地向前運動。

投石器也是被廣泛運用的一種武器，它用椰子纖維編織而成。在一個技巧熟練的戰士手中，它可以將一個雞蛋大小的石頭拋擲得非常遠。

鎧甲作為防禦性武器，在不同的地方用不同的材料製造。有的是木塊，用繩索繫在一起，再用樹脂黏合起來。在新幾內亞有藤編的盔甲，薩摩亞人用竹片紮在一起做盾牌。

吹箭筒、弓箭、彈弓也被用來作為武器，箭頭有時還被塗

上毒液。但這些遠遠沒有棍棒、長矛等使用得廣泛。

由於衝突頻繁，村寨往往有軍事性的設施存在，如警戒柱、瞭望塔等。瞭望塔上布置哨兵，以防備敵人襲擊。敵對雙方的戰士常常在公認的戰場上相遇，相互投擲長矛，發射弓箭。衝突一般都不大，在正式的作戰場合，如果參戰一方有一、二人死了，就會迅速撤退。夜襲是經常被採用的作戰方式。這種襲擊極為殘酷，被襲一方不僅食物被洗劫，村寨被燒毀，大多數情況下，不分男女老少，統統被殺。倖存的被襲者要等待數月、數年甚至數十年才能恢復元氣，重新向仇敵發起進攻。衝突就這樣世代延續，永無休止。

長年累月的軍事襲擊不僅使戰爭成為男子的主要職責，更使獵人頭、食人肉這種可怕的行為演變成一種習以為常、司空見慣的習俗。這一風俗曾廣泛地流行於新幾內亞、美拉尼西亞、波利尼西亞等廣大地區。如同豪華宴一樣，獵人頭、食人肉也成了部族內的一件大事。

對於一位部落戰士而言，是否擁有人頭是檢驗其是否勇猛，是否戰勝過敵人的重要標誌，因而割取人頭並陳列出來是展現勇猛和威望的重要手段。如果一位戰士始終沒有人頭可以掛在屋前，他將引以為恥，必須想方設法盡快獵取。誰獵取的人頭越多，誰的威望就越高，社會地位也越高。

獵取人頭者並不一定吃人肉，但吃人肉的習俗確曾在許多地區流行過。例如斐濟，當然現在已是一個文明國度，但在一八九〇年以前，作為「食人生番」的聚集地，食人之風極度盛行。當敵對部落相互殘殺之後，戰勝者把戰敗一方的死者拖回本部落，隨即在地上挖一個坑，支上鍋，用水煮食，或用竹刀將屍體分為數段，用火烤食。如果是煮食，先在屍體上塗一層香椰子油，並加上一種香料——小胡椒，然後放入鍋中煮熬。煮熟後，用一根特製的木叉把人肉叉出來，分割成小塊，分送

· 食人族

給本村莊每戶一份。然後，參加過戰鬥的人員便圍著人肉鍋唱歌跳舞，歡慶勝利。

　　無論是獵人頭，還是食人肉，其用意是相同的，即表示具備勇氣，或藉此獲取勇氣。如果把對方從整體上加以消滅，那麼就被認為可以將對方的力量直接轉移到自己身上來。在世界

上最後的食人部落——位於伊里安查亞（即新幾內亞島西側）阿斯馬特地區，剛剛割下的人頭往往被用來傳授給小孩所謂精力。舉行這個儀式時，讓小孩把人頭放在他的大腿之間，然後坐下。據說，這樣死者的力量就會魔術般地傳襲給孩子。

勇敢，作為一種品行被推崇、被讚賞、被認為光榮，這在世界上任何民族中都一樣，並不因文化的發達與原始與否而有差別。當勇敢作為一種美德，要求人們、尤其是男子去追求時，社會必然要提供相應的方式和場所。在現代，其機會也許是探險、登山或各種競技體育，或是一些戰爭場合。在太平洋島嶼上，戰爭的機會並不匱乏，從某種意義上講，戰場甚至是島民為了表演其勇氣而有意製造出來的舞台。戰爭則像只充氣閥，使「勇氣」永遠鼓鼓的，不會消退下去。戰爭使整個社會處於不斷的興奮之中，使生活充滿了刺激。

戰爭不僅給戰士提供了尚武逞勇的機會，也給部族提供了減少內部矛盾、增進彼此合作的機會。戰爭作為一件大事，並不是幾個戰士的英武舉動所能承當完成的。戰前，婦女、老人和兒童要為戰士們提供精心的準備，出征後，則為他們的勝利而祈禱，為他們預備凱旋後的慶功宴，還包括一定的儀式。如斐濟人的襲擊船得勝回來時，會敲一種特定的鼓聲。當他們靠近岸邊時，開始在獨木舟上跳一種戰鬥舞，而岸上的婦女則跳起相應的舞蹈。

無論勝敗，戰爭都將族體內所有成員的身心聯結在一起。戰鬥勝利了，所有的人為之喜悅並分享收穫，像是共享人肉；戰敗則是全族體的悲哀和恥辱。為了防止敵人入侵，族人必須同仇敵愾，統一行動。所有這一切使戰爭被社會化、被制度化。由於它能調動全體成員的期望，協調全體成員的行動，在戰爭的旗幟下，全體成員能夠統一起來，變得空前團結、易於

領導，因而同豪華宴一樣，戰爭起到了社會凝結劑與興奮劑的作用。

處處找親戚，人人皆親屬

在現代社會，尤其是大都市，社會成員來自五湖四海，他們之中的一部分相識相愛後便組成新的家庭。這些家庭是彼此獨立的，雖然居住於一個集中的空間，但相互之間並無親屬關係。各個家庭雖有自己的親屬網，但親屬大多各居一方，毗鄰而居，共同生活的情況已極為少見了。現代人要在社會中生存下去，主要依賴自己的能力，在所從屬的團體裡發揮一定的作用；親屬可以幫上一些忙，但其影響不是絕對的。

然而，你如果生活在太平洋島嶼上，情況就完全兩樣了。個人一旦脫離了親屬關係的網絡，那一定會走投無路。

太平洋島嶼中，除了位列世界第二的大島——新幾內亞島外，大多數有人居住的島嶼面積都很小。也許在歷史上的某一天，一群男女駕馭著數艘獨木舟，在漂流過程中，偶爾發現了一座適宜居住的島嶼，於是便定居下來，世世代代繁衍下去。所以，他們的後代必然與最早登陸的祖先有著血緣關係，後代相互之間也必然有著親屬關係。

當然，族內通婚是嚴格禁止的。島民或者出海與其他島嶼上的部族建立世代通婚關係，或者與陸續登上此島的外族人相互通婚。在定居制度上，如果採用從夫居，則妻子嫁至丈夫的島嶼（村寨），孩子與父親的親屬共同居住。如果採用從妻居，則丈夫來到妻子的島嶼（村寨），孩子與母親的親屬共同居住。也有雙重居處的，在某一段時間，夫婦、孩子與丈夫的

親屬共居一處，在另一段時間，又反過來。不管居住形態如何，丈夫、妻子及孩子的背後是一個龐大的世代相連的親屬群體，這一點不會改變。

由於島嶼與島嶼被大海隔絕，交通相對不便，不利於村與村、島與島之間的頻繁交往，不利於打破血緣相連的社會組織形態，很難像大陸地區那樣，建立起地緣性的社會組織。

直至現代，太平洋島嶼大多數居民的社會組織仍極為簡單，一個村寨就是一個大家族，村寨的事務由族長、頭人負責。即便像新幾內亞這樣的大島，村與村之間地域雖然相連，但由於崇山峻嶺造成了地理上的自然隔絕，使村與村之間的居民無法進行大規模經常性的流動，即便存在著跨越村寨上的政治組織，如國家和地方政府，也很難破壞其社會的自然形態，相反必須依賴和維護它，才能實施管理。於是，親屬關係就如一道銅牆鐵壁，牢不可破。

現代工業社會要求每一個人都能夠掌握自己的命運，獨立性越強越好，自由度越高越好，這樣才能有利於社會根據不同需要，對其成員進行重新組合。因此，由親屬關係構成的群體是工業社會的大敵。一個人如果無法掙脫親屬網絡，無法輕易地離開其身處的環境，無法自由地操縱自己的命運，大規模的人際往來和組合就做不到。然而，在以農耕、漁獵為生的社會，社會生產力比較低下的社會，地理環境相對隔絕的社會，親屬關係網絡非但不能打破，反而要精心編織起來，網絡編織得越緊，個人的安全感就越強。對待親屬關係，工業社會的態度是盡可能打破它，而太平洋島嶼上則盡可能維護它。

以一個薩摩亞村莊為例，薩摩亞島上的村莊大多由三、四十戶構成，然而這一「戶」並不像我們所想像的那樣，由雙親加子女及祖父母構成。一戶往往有一、二十人，即一個大家

族，由一位叫作「瑪泰」的頭人負責。同一戶內的人或因血緣、或因姻緣、或因收養而和「瑪泰」及他的妻子有一定關係；這種關係不一定是近親，但一定帶有一層親屬關係。

薩摩亞人的居住制度不定，或從妻或從夫，或在不同時間內住不同地方。寡婦和鰥夫通常都會返回他們的血親家庭中去生活。

在親屬關係網內，薩摩亞人的流動十分頻繁；尤其是孩子，只要有親戚關係，他（她）可以去任何一家居住。其實，整個村寨內各戶都是他（她）的親屬，只是關係或遠或近罷了。在其他親戚家中生活，並不會受到歧視，待遇一定是完全相同的。

「同一親屬群體中的一個兩、三歲的孩子，可以走東家、串西家，不會遇到什麼不測，他肯定會有地方吃、喝。當他累了小憩時，會有人給他蓋上被單；傷心時，會有人伸來慈愛的大手擦去他臉上的淚水；身上有傷時，也會有人給他包紮。不管是哪家的孩子，在天黑的時候還沒有回家的話，親屬們都會幫著尋找；如果嬰兒的母親去腹地的種植園中勞作的話，嬰兒往往從這雙手傳到那雙手，村裡的人都會照顧他。」❷

對於一個未婚的薩摩亞孩子而言，如果他現在所居住的地方使他感到過於壓抑的話，他可以搬到另外一個使他更滿意的親屬家去。有的親戚家吃得好，有的親戚家有許多同齡的伙伴，有的勞動十分艱苦……他可以自由選擇。事實上很少有哪一個孩子從小到大都生活在同一戶中，相反，他們總是盡可能變動居住之地。一旦進入新的家庭，他就成了那家的男孩子或女孩子，彼此以兄弟姐妹相稱，除了接受這一家的照顧和保護

---

❷　〔美〕瑪格麗特・米德：《薩摩亞人的成年》。

· 薩摩亞現代美女

外，同樣的他也必須參與這一家的勞動，擔負起與他年齡相稱的責任。薩摩亞人把親屬看作是這樣一個人：可以對他提出一系列要求，賦予他各種責任。人們可以從一位親屬那裡得到食物、衣物，獲得庇護，而不必付任何報酬。在與別人爭鬥中，可以要求親屬幫助，而不會被拒絕。

在薩摩亞，那種因為性情相投而產生的友誼是最為脆弱的關係，總會因為利益和居住地的改變而中斷。什麼都必須依賴親屬關係。這種關係或者來自血緣，或者來自姻緣。如果既無血緣，也無姻緣，那也一定要建立收養關係。在薩摩亞，一個人如果在外村居住久了，會不再被當成戶內的成員；而來自外村的人如果長期居住於戶中，那麼他遲早會被收養，擁有名正言順的親屬關係。

由親屬關係構成的群體也是一個擁有共同經濟利益的群

體，成員們一起耕作、漁獵，一起分享勞動果實。在利益上他們相互照應，不分彼此。如果一旦發生衝突，又是一致對外的戰鬥組織。個人如果游離於親屬群體之外，那他一定無法生存下去，因為外面的世界極為陌生。外面的世界也一定是由一個個相互獨立的親屬群體組成，如果他不能加入其他親屬群體，成為其中一員的話，那麼他必將失去糧食、失去居處、失去幫助、失去保護、失去溫暖，在孤獨中死去。

人不能沒有親屬關係，處處都要找親屬關係，這是太平洋島民最基本的生活經驗。有親戚在，什麼困難都能解決；失去了親戚，等於失去了一切。

美國人類學家戴維曾攜其妻子吉里松及六歲的女兒薩曼莎在巴布亞新幾內亞的吉米人居住地做過人類學考察。他們在那裡親眼目睹過叫作「塔索爾·朱韋」（Jasor Juwi）的儀式，意即收養子女。這種儀式在鄰村之間彼此進行，已有數年，相互收養對方為子女。在儀式上，大人扮成小孩，找鄰村的一對夫妻認作養父、養母，並假裝吸吮「養母」的乳頭。戴維及吉里松本人也被巴辛·瓦斯勒村的酋長收養為子女。

據說這種儀式是為了消除鄰村之間的緊張關係。

在一種脫離了親屬關係就無法生存的社會，還有什麼比親屬關係更重要的人際關係呢？既然大家彼此已是親戚，自然從此擁有一致的利益，又怎會相互衝突呢？

親屬關係是萬能的，太平洋島民對此有著清醒的意識。如果有誰竭力想撕破這張網，那一定會被視為愚蠢。

作為人，人際流通絕對必要。但這種流通，如果在親屬網內自由自在地進行，得到的是親近感；如果在親屬圈外進行，那也要以所屬親屬圈為靠山，得到的是安全感。

語言與政治

　　人之區別於動物，除了能夠發明工具以外，還有極其重要的一點，就是能夠運用語言思維並傳達信息。在這個地球上生存著大大小小數萬個民族，同時也就存在著形形色色數萬種語言。世界上的絕大多數民族沒有文字，因而語言就成為最重要的信息交流工具。太平洋島嶼的居民幾乎都沒有自己本民族的文字，但語言極為發達，那裡存在著世界上最為複雜的語言系統。

　　如果一種語言僅為數百人使用，而且使用這一語言的群體內部沒有什麼等級之分，那麼每個人口中所吐露的語言也許只有年齡上的差異，即知識和信息的掌握與積累存在著差別。然而，一種語言被使用得越多，使用這種語言的社會發達程度越高，在語言掌握的深度和運用的方式上，差異也就越大。這些差異在很大程度上受到的是來自政治的影響。

　　所謂政治，實質上就是運用種種手段控制他人的思想和行動。語言作為一種信息，能夠用來思維和指導行動的信息，如果能夠對其流動方向和掌握程度加以控制，那麼事實上也就控制了整個社會系統。

　　因而，作為首領，控制語言是一件重要大事。如果王權的獲取和鞏固主要依賴於神助，那麼用於「神人溝通」的語言就必須由他自己掌握，或者由控制在手中的巫師掌握。中國古代有所謂上古帝王瑞頊「絕天地通」的神話，即改變過去庶民百姓也能與神隨意溝通的局面，改由君王個人壟斷。從此黎民就只能俯首帖耳，聽從君王所傳達的天意，從思想到行動都接受絕對的約束。神鬼力量無窮，凡人縱有無窮智慧，也不敢與神鬼對抗。

我們現在使用文字──漢字，追溯其歷史，源頭可上推至商代甲骨文。這種文字在當時具有強烈的神祕性，只被極少數人如商王和巫師識別，專門用於與鬼神交流信息。太平洋島嶼上的居民同商代人一樣，也極度相信神鬼的力量，首領或者本人具有神性，或者得到巫師的相助。在與神交往的過程中，由於尚未使用文字，必然直接使用語言溝通；這些語言絕非口語，普通百姓不可能聽得懂。

例如，在塔希提島上，首領身邊必有一群祭司，他們不僅運用「古老」的為普通人所無法理解的語言做禱告，而且也運用這種特殊語言做預言。其舉動有如中國民間的神漢、巫婆。當魂靈附體後，他們四肢痙攣，面部變形，眼睛發直，口吐白沫，在地上打滾，彷彿受到殘酷的折磨。在一番折騰後，才大喊大叫，用其「特殊」語言傳達神的意志，再由別的祭司「翻譯」成普通語言給別人聽。

這種祭司還運用特殊語言交流傳授宗教，以及醫學、天文、農業等方面的知識。這種能夠運用獨特語言的功能使他們形成一個獨特的等級，在政治上能夠左右首領的等級，有時甚至可以奪取王權。

對於普通語言，首領和上等人則竭力通過差別使用，來體現他們的政治特殊性。

同中國古代一樣，波利尼西亞也有「避諱」之說。在薩摩亞、塔希提等島嶼，凡是首領的名字及與他的名字相近的字都不許隨意呼喚。在王權已相當發達的夏威夷島，與王族講話時，必須專門使用一套語言，有如日語中最高級別的「敬語」；如果不能熟練地使用或使用有誤，甚至會有殺身之禍。

任何一個人在其幼年時期，都有一個語言習得的過程。如果語言的使用並非隨意，而是與人的身分、地位密切相關，那

麼這種習得就具有極為重要的意義。尤其在太平洋島嶼上，由於不使用文字，歷史傳統例如傳說、神話、歌謠等完全依賴口頭流傳下來，語言記憶與敘述能力成為相當重要的政治能力。

在極度重視血緣關係的太平洋島嶼上，王族與貴族必須讓後代極其完整、甚至極其瑣碎地背誦世系表；尤其在一些政治衝突的場合，政治角逐的勝負幾乎取決於記憶力的強弱。塔希提人酋長間的領地爭端往往借助於「記憶力比賽」來調停，誰能背誦得出最有威望的祖先和領地的封號，誰就是獲勝者。

夏威夷人貴族的地位很大程度上取決於他血統的純正性。最高級的首領當然宣稱他們具有源自偉大諸神的清白血統。與這支頭等家族相連的是極為複雜的親屬系統，這些大大小小的貴族只有明明白白、毫不含糊地背誦出他們與王族的血緣關聯，才能保障其特權，甚至藉此抓住機遇，奪取王權。

例如，夏威夷歷史上著名的國王米哈米哈一世，原來只是一個地方首領，在歐洲人到來之後，他借助於歐洲人的力量，戰勝所有對手，統治了整個夏威夷群島。其實他只是出身於第四等的貴族，相對而言只是個小人物，但由於他能夠列數出九十九個直系祖先，証明了自己具有王族血統，結果如願以償，榮登寶座。

在薩摩亞島上，每當舉行豪華宴，除了美酒、佳餚、歌舞，還有一項內容不可缺少，那就是「代言頭人」的致詞。

當豐盛的食物還在地爐裡慢慢烘烤，賓客們聞著騰騰熱氣傳過來的香味，雖然垂涎欲滴，心緒不定，但還是得洗耳恭聽「代言頭人」冗長而華麗的發言。在這種場合，頭人只是主持一下儀式而已，其餘的話都由能說會道的人替他講，這個人在所有重要的場合都代表頭人並維持儀式的完整。

「代言頭人站起來，兩腳分開，一隻手拿著權杖，杖尖觸及前方的地上，在他講話的時候從不移動權杖的下端。他的另

一隻手放到背後，長髮垂到頸，一邊肩上散披著裝飾華麗成繼、飄拂著的髮辮。他就那樣站著發言，好像是跟大家講，也像是與個別人在談。他用一些奉承的言語對當地的家族表示敬意。不時地，他似乎在把人們的注意力從頭人那裡吸引向自己。但沒有一個統治者會單靠自己的吹噓就能夠建立起像『代言頭人』在他面前殷勤奉承而使他受到的那種榮耀和光彩。在他流利的演說中，客人和村民們都被他的奉承弄得飄飄然，以致對明顯的夸夸其談也欣然靜聽。」❸

「代言頭人」有些類似於現代社會中的節目主持人或公關人員，他代表團體與外界交際，具有極為優美的談吐、周到大方的舉動。但在薩摩亞的社會裡，「代言頭人」的地位卻遠遠高於主持人與公關人員。他可以享有至高的特權——蓋一間僅比頭人少一根頂桁的住屋，也就是說，他的地位僅次於頭人。沒有了他，薩摩亞人的政治生活就不能運轉。可見語言的運用對薩摩亞政治有多麼重要了。頭人需要「如花妙語」來鞏固其政治地位和威望，而代言人則藉此出人頭地。誰能夠侃侃而談，誰就能謀取政治地位。政治與語言的緊密關係在太平洋島嶼上體現得最強烈。

是否可以這樣認為：正因為文字沒有得到充分發展，運用語言於政治及其他場合的智慧才能被空前發達起來呢?!

白髮等於智慧

在大多數尚處農耕、漁獵時代，社會結構依賴血緣關係整

---

❸ 〔美〕愛德華・威爾：《當代原始民族》。

合而成的自然群體中，社會成員的絕對年齡並不受重視，亦即很少有人用年月日去確切地計算年齡，而只看重相對年齡，即一個人是處於幼年、青年、壯年還是老年，是孩子、父母還是祖父母。太平洋島嶼即屬於這樣的社會。我們身處的現代社會，個人在社會上發揮的作用以及獲得的地位雖然與其年齡大小有一定關係，但並非絕對的、按部就班的，更多地與知識的差異、能力的高低以及精力、體力的強弱有關。

現代人雖然計算的是絕對年齡，但那是為了更精確地記錄生命流程中所發生過的事件，更精確地安排未來的人生。可以說，社會越進步，資歷就越少受年齡的影響，智慧和能力可以為任何年齡階段的人所擁有，而非只取決於年齡的遞增。

如果社會的發展只是一種封閉式的循環往復，如果一個人尚未出生，社會就已經為他預定了人生角色的轉換，那麼社會的管理就應該盡可能地順其自然；套用中國的成語，即「無為而治」。

最大的「無為而治」，就是將年齡與資歷聯繫起來。年齡是最自然的等級關係。在人人皆親屬的薩摩亞島上，年齡比親屬關係更具權威。所謂一級壓一級，長幼之序成為一種最自然不過的管理手段。任何一位年齡大的親戚，都有權力要求比他年齡輕的後輩提供幫助，有權批評他們的行為、干涉他們的行動。同時，長輩也必須擔當起對後輩看護、培養、教育的職責。在薩摩亞人那裡，實際年齡可能誰也記不住，但相對年齡以及由相對年齡決定的義務、職責卻是其本人以及整個社會都十分清楚的。

在許多太平洋島嶼上，不同年齡階段的人被輸送到不同的群體之中，被賦予不同的社會責任。以一位男子為例，青年時代被認為是生命的黃金期，其職責是擔當需要充沛體力和過人

勇氣的活動，如獵捕鯊魚、和敵人作戰等等。壯年時代被認為是生命的全盛期，應當娶妻生子，運用其穩健的才智，成為社會與家庭的支柱。依據年長者支配年幼者的慣則，社會上地位最高、最受尊敬和讚賞者理所當然是老年人，由老年人擔當整個家族乃至整個村社的管理之責。這與古代中國頗為相似：白髮等於智慧，年歲越高，標誌著智慧程度也越高。

密克羅尼西亞帛琉群島居民社會制度的基礎一直是母權制。在母系氏族內部起最重要作用的一定是一位老嫗——「大婦人」。她是整個氏族的顧問，是氏族全部「貨幣」財務的管理人。「奧博庫爾」（男首領）沒有她的允許，什麼事情也不能做。在其他實施父系制或雙系制的島嶼上，除個別例外，族長一般也均由長輩、即老年人擔任。族長或長輩會議，是村落事務傳統的決策機構。

在大部分太平洋島嶼上，年長始終使人受到尊敬，不管有多衰老、貧困，甚至壞名聲也不會減低這種尊敬。這種尊敬一方面的確是老年人閱歷了豐富的人生。由於死亡率高，平均壽命低，能夠活到高齡的人相當少，因而留存下來的少數高齡者的經驗和智慧顯得彌足珍貴。另一方面則與財產的管理與繼承制度也有關係。密克羅尼西亞帛琉群島上的「大婦人」是全氏族財產的管理人和再分配者，而新幾內亞、美拉尼西亞島嶼上的老年人一生中通過發放施捨，贊助他人，肯定擁有比後輩更多的社會債權，建立起密集的人際關係網絡。這使他們容易在社會上顯露頭角、高人一等。

也許有人會說，白髮等於智慧，實際上等於是抹殺智慧，因為一切都按部就班、循序漸進、因循守舊、論資排輩的話，新的智慧就不可能激發，社會就不會進步。其實這種概念是人類進入工業社會以後才發展起來的。太平洋島嶼屬於傳統社

會，這種社會是一個穩定的系統，它表現為人類可以在一塊恆久不移的區域上，依賴簡單的農業勞作或漁捕，世世代代生存下去。這種社會從來都沒有想到過要改變世代相傳、早已熟習的生活結構、社會結構。傳統社會不崇尚變更，不需要創新，維持和管理這種社會最省心、省力的辦法就是盡可能少地變動固有的社會秩序，盡可能多地利用人類自身的區別和差異。傳統社會按性別進行社會分工的同時，也按年齡進行社會分工，老年人以其經驗的豐富和財力的雄厚，擔負管理之職，這並不奇怪。這種依據相對年齡賦予每個人以不同的社會職責，並隨著年齡遞增，逐步改變社會職責的作法，有它存在的合理價值。如果無視於傳統維護社會秩序的方式，試圖對其做出重大的變動，可能新的「智慧」未被發現，反而引起更大的混亂。

特魯克的酗酒者

從古至今，在這地球上，也許很難找到這樣一個人，在其垂垂老矣，回首一生時，說：「我這一輩子是在毫無煩惱、毫無憂慮、毫無壓力中渡過的。」作為一個現實生活中的人，或多或少、或輕或重、或此或彼，都會有一定的煩惱，只不過這種煩惱因不同性別、不同性格、不同年齡、不同時代、不同文化環境而有差異。

其實，沒有煩惱，也就沒有快樂，這兩者是相輔相成的。人類如果沒有壓力，就不會產生解脫壓力的需求和智慧，歷史也就永遠不會進步。這是一個簡單的真理。

人的壓力不外乎來自於兩個方面，即自然環境和社會環境。自然環境的優劣決定了人類基本生存條件的好壞，決定了

是否經常會挨餓，是否不斷遭受天災的打擊，是否始終被疾病纏身，等等諸如此類煩惱的程度輕重；社會環境則通過不良的人際關係，如失戀、戰爭、犯罪、階級壓迫等等方面給個體產生壓力。然而，不管壓力來自何方，其結果是相同的，即人的心理由此產生痛苦、孤獨、緊張等等心理失衡。這種情緒如果不及時加以緩解、釋放，對人體、對社會都極為有害。

　　如何緩解外在壓力和心理緊張，這是所有種族，所有文化，不論文明發達與否，都必須面臨的課題。東方人，尤其是中國人強調克己、講求修身，這是一種極其含蓄的緩解方式，即不管人有多麼痛苦、多麼難忍，都不能失去理智，都要忍，都要想得開，都不能以危害社會的舉動把這種情緒發洩出來。

　　總之，寧可犧牲個體，不能破壞整體。數千年來，這種東方式減輕外在壓力的智慧也給我們這個民族帶來一些負面的影響，看似理智，實則拘謹、保守、麻木、缺乏挑戰精神。尤其是婦女，處處以犧牲自我為己任，受害尤深。

　　西方人與東方人不同，他們的狂歡節、愚人節其實就是藉機打破所有秩序，暫時減輕或者忘卻時時刻刻在壓迫著個體的種種壓力，獲得一時的發洩和解放。當然這種發洩和解放是有度的，一則社會並不經常提供發洩的機會，再則社會又通過種種法律手段限制越軌的行為，因為越軌行為如果不加以嚴格控制，對文化的延續將起著破壞性的作用。

　　然而，在密克羅尼西亞特魯克群島上，越軌行為雖然被給予相當大的寬容，但社會並未因此遭受實質性的破壞。

　　人類學家對島上年輕人瘋狂酗酒和喧鬧的行為曾加以注意和研究。據稱：「這裡的十八～卅五歲之間的年輕男子每天或每周都在一起酗酒，往往還伴有與近鄰村莊的暴力行為，尤其在週末更甚。酗酒時，男青年蓬頭而坐，狂笑漫歌，與女青年

打情罵俏。一旦醉倒，他們就吹牛恫嚇、詛咒，發出震耳欲聾的戰爭叫囂，打破門窗，衝擊婦女，恐嚇朋友，相互扭打。他們被人們稱作罐頭內無頭的沙丁魚。」❹

島上的居民同樣認為這是不理智的行為，然而卻很少有人去譴責他們。這種過分的行為也許同特魯克人的價值崇尚有關，特魯克人認為年輕人應該具有衝勁和旺盛的活力，尤其男子應該亮出自己男子漢的氣魄，無論是戰鬥，還是追逐情侶，都要敢於鋌而走險。

其實，這種風尚，不僅在特魯克，在世界上其他許多民族中也能夠看到，只是其他民族在讚賞勇武時，並不把種種無秩序的行為也包括在內，相反，是嚴厲禁絕的。然而，人類學家在對特魯克的「勇士」階層進行詳盡分析後，卻提醒，不要以為酗酒代表著凶暴，破壞性的行為未必意味著文化會走向斷裂。他們認為特魯克人對酗酒的縱容所証實的正是該文化能夠延續下去，而不是崩潰。

發洩是一種痛苦和壓力的解脫，這為人們所熟知。但究竟在多大的程度上，舉動過分屬於發洩，抑或屬於越軌行為、甚至於犯罪。我們在尋求緩解心理緊張的方式時是不是又過分「心理緊張」了。單純從由發洩導致越軌的行為本身來看，它稱得上是弊端，但它是否就是危及社會及文化延續的弊端？

在許多情況下，我們過分嚴格地對待了發洩對象，尤其年輕人的發洩現象，動輒加以教育、糾正，甚至禁絕清除，其實適得其反，只會加劇心理的壓抑或逆反。只要不是有意識的犯罪行為，應該給予足夠的寬容與理解，甚至創造更多的發洩機會，因

---

❹ 〔美〕馬維·哈里斯：《人·文化·生境》。

為它的結果非但不是激化社會矛盾，反而是在清除社會的不穩定因素。這並不是說，我們應該做得和特魯克人一模一樣，畢竟各有各的文化背景。但特魯克人足以啟迪我們的是，一種已經成型穩定的文化經得起種種破壞性行為，有些破壞性行為甚至是有益的，它對文化起著消除危機，反而有促進穩定的作用。

為說謊者立碑

印度尼西亞加里曼丹島上的達雅克族人非常注重人誠實與否。他們認為說謊者最可憎，誰要是說了謊，除了要受到不同程度的制裁以外，在說謊者死後，人們還要在村裡為他「樹碑立傳」，碑上銘刻著何人在何地、何時說過謊。其目的是一議全村人都時刻牢記：無論在什麼時候都要以誠待人，不說謊，不欺詐。

真可謂天下之大，無奇不有。為說謊者立碑的確是件趣事。說謊者固然可憎，但也不至於要「小題大做」到為之樹碑立傳，使之臭名永垂的地步。

這說明我們對太平洋島嶼的社會性質了解得並不透徹。如果對他們的文化環境做一番深入的剖析，相信不僅會對此表示理解，還會表示欽佩。

任何社會，不管它是工業社會，還是農耕、漁獵社會，不管其文明發達程度有多高，都有一個社會控制的問題，即如何維護社會的穩定，促使社會成員遵循社會準則，避免破壞社會秩序的事件發生。

社會控制主要通過以下幾個方式來實現──

（一）社會化過程——亦即社會教育。當人們尚在孩提時代時，不僅被教導什麼是社會崇尚的法規和價值觀，而且被要求把這些作為美好和正確的事物去接受與遵循。其形式主要是成人的示範、引導，民間故事與神話的講述，以及遊戲等等，力圖使所指導的行為道德觀得以「內化」。對於社會確立的種種法律規範，則通過強化教育，使其有明確的了解，從小確立起依法守法的觀念。在太平洋島嶼上十分流行的成年禮中，有一項重要的內容，就是進行該族體道德、法規的集中教育。即便進入成人階段，社會化過程仍然不稍中斷，只是不像孩提時代那麼集中罷了。樹碑立傳作為一種在社會上能產生廣泛影響的教育形式，常被用來褒揚真善美；但如果反其道而行之，揭露假醜惡，反而更具轟動效應。

（二）社會壓力——即依據社會道德價值觀和美醜善惡意識，運用詛咒、諷刺、嘲弄、羞辱、恐嚇、孤立、排斥、迴避等等無形的力量，壓迫犯規者改邪歸正。這被稱為是非正規的控制手段。「為說謊者立碑」就屬於這一類手段。它頗類似於中國古代的「象刑」，即讓犯法的人穿上象徵罪犯的衣服，生活在大庭廣眾裡，讓眾人的眼光和大眾輿論作為最嚴厲的刑罰，使罪犯的內心受到深重的譴責。社會壓力作為一種行之有效的控制手段，在任何一個崇尚道德的社會中都發揮著作用，現代社會也不例外。

（三）刑罰措施——擁有健全法律系統的社會，依據法律調解社會糾紛，對於觸犯法規的人，社會管理機構經過審判，做出裁決，決定是否賠償、是否投入監獄，或是否採用其他處罰手段。這就是現代社會所普遍運用的方法，被稱為是正規的社會控制法。在那些尚未建立起完善的法律體制的社會中，刑罰也被廣泛採用，但接受的是社會習慣法則或神靈的裁決。

太平洋島上的絕大多數地區，主要依賴第二種方式，即社會壓力來維持社會秩序。這與島民所生存的社會環境有著密切的關係。在那種以親屬關係網為背景，相互依賴、互相影響的團體社會裡，社會成員具有強烈的群體同聚意識，對置身於其中的社會共同體有著高度的習慣性理解。社會管理體現為自發的從屬、參與與維護。他們將個人的道德形象與信譽威望看得比生命還寶貴，絕對不做會對信譽帶來不良影響的事。

人與人之間如果不能相互理解、相互合作，社會就凝聚不起來。正如中國人所言：誠信乃立身之本。因而，說謊被視為一種非常可怕的行為，並非微不足道，它足以離間人與人之間的親密友誼，破壞彼此的信任感，給視為社會穩定基礎的人際關係造成危害，怎能不使人痛恨呢！對於這類醜行，最大的懲罰就是將他逐出群體之外。這種逐出，並非真正從群體中趕出去，而是被排斥、被孤立、被輿論譴責、被視不為可接近的人。沒人理睬是一種極為痛苦的體驗，給人心理的鞭撻遠較受刑更為嚴厲、無情。

因而，「壞名聲」是任何一個人都不敢輕易沾染上的。如果一個人生前因為說謊而屢遭譴責，死後還為此被豎碑立傳，將他的醜行廣為張揚，那最嚴厲的制裁莫過於此了。這是比死刑還痛苦的制裁，它無聲然而強烈地告誡每一位社會成員——不能說謊。

太平洋島嶼多為小型的，與外隔絕的社會，社會利益因而遠遠高於個人利益，個體與個體之間必須相互依賴才能相互滿足，個體只有遵從集體才能被集體保護，只有獲取好的名聲才不至於被集體鄙視，只有屈從於社會壓力（制衡力量），才能使個體避免痛苦。

因此，在這種傳統型的社會裡，社會控制幾乎演變成自制，

並以禁忌的形式表現出來，即尚未做出違背社會規範的事來，禁忌的力量已足以通過自我，扼殺其於未萌之中；一旦做出違反禁忌的事，也以自裁的方式，自我執行社會必將做出的判決。

　　例如，亂倫，在太平洋島嶼上，這屬於十惡不赦的罪行。與自己的血親女性發生兩性關係將直接破壞具有嚴格秩序的婚姻制度。英國人類學家馬林諾夫斯基在特羅布里恩德島上從事調查時，注意到一位叫作科瑪依的青年，他同他姨母的女兒發生了兩性關係。這在特羅布里恩德母系社會裡是絕不允許的，因為姨母的女兒就是他自己氏族的血親姐妹，科瑪依觸犯了亂倫禁忌。島上所有的人都知道了這件事，但他們沒有採取什麼行動上的舉措，而是在背地吟誦那些令人恐懼，會使人疼痛和失去生命的咒語詛咒他。科瑪依置身於一片譴責聲中，終於在某一個夜晚，他被某一個人用整個部落都能聽到的聲音咒為「天地不容的人」之後，於第二天早上，爬上高高的椰子樹，跳下來自殺了。

　　對於這種「違法」事件，從一開始發生到最後結束，其實社會都不用直接參與行動上的裁決和制約，一切順其自然發展，一議自制發揮作用，讓良心與道德自發審判，頗有一種「多行不義必自斃」的感覺。

　　社會控制歸結為社會壓力，社會管理歸結為自我管理，社會裁決歸結為自發裁決，讓無形的力量控制行為的方向，由價值的判斷取代法律的裁決。「為說謊者立碑」通過一項簡單而有強烈效應的舉動，把這些意義全部體現了出來。

伊富高的神判

　　儘管太平洋島民作為傳統型社會的成員比現代社會的人更

為積極、更為自發地遵從他所屬那個群體的秩序，儘管他們彼此之間在價值觀和行為方式上極為相似，但要說個人生活目標與社會標準之間就毫無距離，集體利益與個人利益不存在區別，社會成員之間不發生衝突，個人可以無條件放棄自己的思想、情感、性格、愛好，那也是不可思議的。尤其在那些已經出現私有觀念的社會環境中，心甘情願地去遵循社會法則的人越來越少，大多數情況下是屈從於強大的社會壓力。但總有一些人會做出戲弄規則、破壞秩序的事來，這就迫使群體在無形的社會壓力之外，採取有形的強制手段，防止事態發展到不可收拾的地步。

大多數太平洋島嶼尚未建立起完善的法律系統，也不存在強有力的執法機構，如果人與人之間發生矛盾和糾紛，並不通過什麼「有關部門」來調停解決，而是依據自己對「法」——當然是約定俗成的社會習慣法則——的理解，由「良心」做出判決，並採取相應的舉動。菲律賓伊夫瓦格（Jfuago）人對付負債不還的辦法是：債權人把許多親戚召集起來，一起到負債人家裡去，利用當地熱情好客，不能隨意拒絕客人的風俗，大伙兒拚命吃掉對方的食物，直到把債款「吃」盡為止。對方則無可奈何。

對於那些矛盾雙方爭執不下，各執一詞的衝突，以及直接破壞集體利益，違背社會準則的行為，就需要通過「有關人物」來審判和裁決了。誰能夠擔當這種權威角色呢？在那些結構簡單的社會中，不外乎是首領、族人或者老人。他們精通族體內的法律，當然這些法律並未成文，僅僅留存於口頭上和記憶中。依據以往審結同類案例的經驗以及社會上對案例的種種反應，他們靈活地做出判決。由於這種審判遵循的是社會傳統以及大多數人的意見，因此稱得上是「道德」的判決。太平洋

島嶼上絕大多數案件的審理都是依照這一程序，其過程也是一次宣傳社會法規和進行道德教育的過程。

太平洋島嶼上不存在監獄，但肉體刑罰被廣泛採用。在新幾內亞的卡伯庫（Kapauku），人們對從小偷到拒絕還債一類人的懲罰是對其身體的鞭笞；而對於殺人、施巫、亂倫及嚴重破壞條規的人，都處以極刑。在古代的印度尼西亞巴匣島，犯有通姦罪的男女，將被村子裡的人驅逐到可怕的森林裡去，永遠不許回來。這對於那些離開了群體根本無法生存的島民而言，無異於判處了死刑。

由於不存在專門的執法機構，由首領或老人做出的判決，往往由青年人執行。在澳大利亞土著那裡，亂倫被自己的圖騰、禮儀、婚姻群體的兩性禁忌規則嚴格限制著。如果有人犯了亂倫罪，將在老人政府的判決後被用矛刺死，死刑一律由青年人執行。通過這一實例，老人再給青年進行有關亂倫的清規戒律之教育。

在東加，如果需要維持社會秩序或對某一部分人實施專政，一定交由「復仇小組」來完成。「復仇小組」由青年男子組成。這樣，司法者與執法者並不從整體中獨立出去，法律的貫徹和實施成為同吃飯、睡覺一樣的普通生活的一部分。

然而這種「道德」的審判仍然不能保証裁判的公正，尤其太平洋島嶼以親屬關係作為社會基礎，像是東加「復仇小組」內的成員每個人背後都有一張親屬網，他必須首先對這張網表現出絕對的忠誠，為此而會和其他的成員發生利益衝突。同樣，裁決者雖然是「要人」，但仍然是人，會為人的感情所左右。這些因素都足以使判決與執行出現偏差。另外，在那些是非難辨、莫衷一是，尤其是缺乏証據的場合，僅憑人的智慧已經無能為力，只能交給「神」去處理了。

· 伊富高族

　　「菲律賓的伊富高族（Ifugao），刑事案件和財產糾紛之類的民事案件常用神判來解決。被控告犯了某項罪行的人若堅持不認罪，就會送去神判，以作為一項挑戰；或者原告會向被告挑戰，要他証明自己的無辜。被指控的個人或團體如拒絕接受神判，就表示確實有錯。伊富高族有好幾種神判的形式。在熱水神判中，被試者得用手伸進一鍋開水中取出一塊礫石，再放回去。在伊富高族的其他地區，則用燒紅的刀子放在被試者

的手上。無論採用哪一種測試法，如果被試者有罪的話，他的手就會嚴重灼傷；如果無罪的話（在財產糾紛的例子中對的一方）；就不會嚴重灼傷，這時原告或對手就得付出賠償。發生糾紛的雙方都得把刀放在他們的手上，對的一方灼傷的情形就比較不嚴重。

「最後，他們還有幾種決鬥和角力賽的形式，發生糾紛的各方就以此判定他們的案子。在這種情形中，超自然就像特殊的神判一樣，支持對的一方。

「神判和競賽都由蒙卡農（monkalun），即仲裁人來監督。蒙卡農是中立的一方，在這些案例中擔任裁判。在其他種類的訴訟中，蒙卡農則擔任中人，他通過與發生糾紛的對方談判和調查，企圖達成妥協或者使事實明朗化。」❺

神判真稱得上是一種絕妙的判決，在我國古代據說也經常使用，而且屢屢奏效。它不僅使「法官」由審判者變為裁判人，卸下了沉重的包袱，擺脫了為難的處境，而且審判一定會有結果，在大多數場合下，結果是正確的。表面上看，這是人類放棄了人的智慧，而拜托神明的智慧，其實這才是人類智慧的充分體現。

如果衝突雙方各執一詞，不相上下，審判者又難以明斷，那只能尋找一個原告、被告雙方都共同認可的更為高明的法官，這時只有請出神明，才能得到大家的認可。

在太平洋島嶼上，人們對神的力量確信無疑，無論被告、原告，還是裁判，都相信超自然無時不在嚴密地監視著人類的道德行為。可以說，社會的習慣法則就代表著神的旨意，具備神聖和絕對的性質，誰破壞了社會的法則，誰就要遭到神譴。

---

❺　〔美〕R·M·基辛：《文化·社會·個人》。

使用神判，能立即將神的意旨昭示天下。如果不使用神判，有罪者也將遲早會受到疾病、死亡等等不幸的懲處。因而，對超自然強大力量的懼怕是人所共有的。神判的方式雖然極端可怕，但有罪的一方往往未及接受試驗，就已將心理的緊張恐懼暴露無遺；無罪者當然無所畏懼了。這樣，神判尚未進行，就已真相大白。

當然，也會有這樣的場合：被告與原告都堅信自己正確，不怕接受神判，那麼由於對神的絕對信仰，也必然使其中一方心服口服地接受有罪的判決。

對神的信仰，首先可以作為一種有效的社會壓力手段。因為害怕神譴，人們甚至不敢有犯罪的念頭，怕被明察秋毫的神靈發現而受到懲罰。有關一個人未來的地位是他在現實生活中正當行為和所取得之功績來決定的這一信條，乃是驅使個體與社會義務保持一致並加以履行的強大壓力。其次，作為一種公認的威懾力量，它使真假、美醜的價值判斷與有罪無罪的法律判斷變得毫不費力。太平洋島民創造了神，又讓神有效地為人類服務。

尋找整合的密碼

任何一個社會，一種文化，它能夠生存、發展下去，並體現出獨特的風格，必有其內在的整合機制。所謂整合，並非機械的聯合，它表明形成社會的各要素之間，存在著功能和價值上的交換關係。社會如果被整合，必然在社會結構、社會控制、人際關係、人生目標等方面產生高度的相互協調，形成一套連續的系統。整合機制揭示的是社會主要依據什麼樣的因素

凝聚起來？引導社會成員的文化期待和目標是什麼？防止社會延續斷裂的措施是什麼？

在我們結束此章時，對大多數太平洋島嶼社會是如何被整合起來的，已有概括的了解。它表現在以下幾個方面——

第一、被海洋或島內複雜地理隔絕的險惡的生存環境，使太平洋島民把人際關係當作除了生存以外最重要的事來看待。可以說，隔絕越甚，這種期待和追求就越強。頻繁的豪華宴和送禮的行為表明了物質的產品第一被用於生存，第二被用於交換。然而，這種交換主要不是物品的交換，而是人際關係的交換。在庫拉交易圈中，首先是人與人感情與威望的傳遞，其次才是物與物的流通。「人人皆親屬」雖然反映了人際流動範圍之狹窄，人與人在血緣關係上的極為靠近，但從某種意義上講，社會成員也從心理上期待人人皆親屬，以使自己不感到心理上的孤單和寂寞。生存圈越是狹小，就越需要相互靠近，就如一條獨木舟上的水手，大家不得不親密關係，減少隔閡、協調行動。

第二、既然人際關係是如此重要，那麼誰能夠出色地利用人際關係，誰就實際上把握了社會。於是名聲與威望的重要性就不言而喻了。要想成為領袖，就要充分展現人格魅力，用豪華宴來博取樂善好施的名聲，用鋪張炫耀來展現自己的威望，把政治控制轉換為對個人的崇拜與無條件服從。

第三、要保持社會系統的穩定與持續，必須盡可能少地變動傳統的秩序，盡可能多地利用自然的等級。社會成員按長幼之序、即相對年齡進行職責和義務的分工。依據年齡優勢，老人理所當然佔據特殊的地位。「白髮等於智慧」並非偶然，它是必然的選擇。

第四、社會秩序不可能不受到破壞和擾亂，對此社會應採取怎樣的態度和措施呢？太平洋島民所主要採用的是寬容、壓迫和刑罰三種手段。只要不破壞社會的根本，不危及文化的延續，對多麼「越軌」、「過激」的舉動，都可以給予寬容。至於那些從總體和長遠來看必將給社會帶來不良後果的言行，哪怕極其微小，也要加以懲處，所以會有「為說謊者立碑」的奇事。' 懲處的手段既有社會壓力，也有刑罰措施，這兩者都能起到有效的控制效果，但以前一種的使用更為廣泛。這些類似於古代中國的「明德慎刑」，「太上以德，其次以賞罰」。對神靈的共同信仰和敬畏既是社會整合的又一有效途徑，又能使人借用「神」的智慧彌補人的智慧，當然，其實這仍然不過是人所玩弄的智慧罷了。至於戰爭，因能起到使族體空前團結，減少內耗的作用，不僅不會使族體絕滅，反而有它的存在價值。

　　第五、文化的整合不能不使用語言。不管社會團體多麼小，必有自己一套共通的信息，由語言傳達彼此的感情和要求。如果語言消失了，文化也隨之消失。在新幾內亞，發生過這樣的情形：一個五百人的族體全都去投靠鄰近的部落，停止使用他們自己兒時習得的語言風俗而採納鄰族的。僅僅一、兩代人的時間，隨著隱藏在語言中文化基因的喪失，這一族體完全被同化了。語言雖是信息的載體，但如果載體本身的運用受到控制，那麼信息量的大小、信息朝什麼方向傳遞、信息如何詮釋就都受到影響。政治控制相當程度上歸結為語言控制，太平洋島嶼上那些「大首領」們十分清楚。

　　第六、人活著是為了什麼？人的期待、人的目標是什麼？這個帶有哲學傾向的基本命題並不因社會發展的原始而不加思索；相反，在太平洋島嶼，島民在這方面的思索比絕大多數我們當代人還要清晰，追求也堅定得多。作為一名男子，同時作

為一名戰士，他必須是勇敢的、無所畏懼的；作為一名社會成員，他應該公而忘私、先人後己。因而獵取人頭變得毫不可怕，傾家蕩產可以在所不惜——只要能獲得眾口交譽的聲望。

　　不管是有意識還是無意識，當太平洋島民按照這些機理去思去做時，他們的智慧就活生生地體現出來了。

Chapter 4
兩性之謎

性愛至上

　　兩性關係，在人類所有關係中最為基本，也最為原始。作為一種生物性關係，它維持了人類自身的繁衍，這對任何民族而言都不可缺少。當把它作為一種社會性的關係，不同的民族則表現出極大的文化差異。

　　古代中國人羞於言性。雖然不得不憑藉兩性關係來追求子孫滿堂的心理滿足，但至少在結婚之前對兩性交往加以嚴格限制。男孩子和女孩子稍一懂事就被強制分離開來，叫作「男女不同床」，怕的就是兩性交往上有什麼出格的行為。夫婦雙方在洞房花燭之前不得有性的接觸。至於婚後，有閒階層私底下也頗為講求「房中術」。淫穢的色情文學曾被大量創作，但那是在一個相當狹隘的範圍內偷偷摸摸追求的樂趣，頗有些見不得人整個社會對女人婚前婚後是否守貞有著極其嚴格的要求。男女之間婚外平等的隨意性交往是不可想像的。印度同中國極為相似，禁欲主義色彩甚濃。

在兩性關係上，西方比東方浪漫得多。婚前性行為並不少見，婚外性交往也比東方有更大的自由度。現代社會中，對性適應、性滿足的關注已是西方人最為普遍的話題之一，真正所謂「食、色，性也。」雖然如此，作為倫理指導的西方宗教思想對此仍持嚴肅的態度。忠貞的觀念，以及在強調情愛高於性愛方面，宗教仍然不遺餘力。

那麼，太平洋島嶼上那些海的子民又是如何呢？

有報導說，居住在新幾內亞高地的梅恩加（Mae Enga）人，男人和女人從不允許共居一室，無論男女都不能進入異性的寢室。梅恩加男子認為，性愛將使人身體虛弱。所以，他們在性交後，必須坐在煙霧彌漫的小屋內清洗，以保護自己。梅恩加青年男子立誓禁欲，若在結婚之前討論性問題，尤其在婦女面前討論性問題，他們會感到非常不快。

也有報導說，新幾內亞高地的埃佛羅（Eforo）人，與印度男人一樣，相信每位男子精量有限，一旦耗盡，男人便會死亡，所以丈夫大部分時間必須遠離妻子。

然而，這畢竟是一種極其個別的現象，在太平洋島的絕大多數地區，性的交往極度自由。在那些島嶼上，不存在印度式的禁欲，也不存在中國式的道學。如果說歐洲人還堅持先有情愛，後有性愛，在這裡則完全顛倒了過來，每個姑娘一旦情竇初開，就可以隨心所欲地和任何一個男子幽會。

波利尼西亞的曼加阿（Mangaian）人中，「兩性之間的性交在成年前就已經出現。成年男女都有婚前性生活的經歷，女孩在父母親的屋內幾乎每夜換一位求愛者，男孩子則與對手競爭，看誰達到高潮的次數多。曼加阿姑娘對浪漫的海誓山盟從不感興趣，只是廣交男友，性交頻繁。性不是剛毅愛情的回

報，相反，愛卻是性滿足的回報。」❶

　　介紹世界婚俗的著名人類學書籍《婚床》曾這樣描述南太平洋諸島的年輕男子和姑娘們：他們「在青春勃發的歲月裡，享受隨心所欲的自由，他們在結婚前盡情滿足根於本性的欲望。復活節島上的姑娘首先從成年婦女那邊聽取口頭指導，然後從年長的男性親屬那裡接受體驗。頑固維護女貞的姑娘倍受男人的歧視。如此這般行事，姑娘們懷孕的機會卻極少，真是不解之謎！也許是因為她們這樣過早亂交，大自然賜與她們一段不育期吧！但當地的解釋是，姑娘只有在保持固定配偶的情況下才可能懷孕。基於這一觀念，當媽媽的總要慫恿她的女兒多多地交男朋友。」❷

　　隨著年齡的增長，頻繁的婚前性交往進展到擁有較為固定的性伙伴時，事實上的婚姻也就形成了。這種婚姻等於是將私通關係公開化、長久化。

　　然而，在許多島嶼上，婚前性伙伴和丈夫（妻子）完全是兩碼事，同一村落裡，只要不違反亂倫的禁忌，婚前可以自由選擇性伙伴，然而到了締結婚約時，對方或者必須是世代與之通婚的某個部族，或者受制於經濟的、社會的安排，婚姻被當作獲取財富與地位等級的階梯。因而可以說，性關係與婚姻之間並無必然的關係，婚姻只是宣告以往性關係告一段落，並不像其他社會，強調這兩者之間的統一關係。

　　太平洋島民讚賞風流，而且是終生風流。結婚之後，在許多地區仍公開允許婚外情的存在。如在波利尼西亞人那裡，已婚的男人和姨嫂之間，已婚的女人和姐妹夫之間可以戀愛，也

---

❶　〔美〕馬維·哈里斯：《人·文化·生境》。
❷　〔美〕約瑟夫·布雷多克：《婚床》。

允許一個已婚女人與她家中任何一個經她丈夫同意的男性客人戀愛。在盛行一夫多妻婚姻制的地區，首任妻子鼓勵丈夫多找妻妾；相反，在盛行一妻多夫的地區，首任丈夫鼓勵妻子多找情人。據說妻子（或丈夫）越多，帶來的財產越多，共同勞動的成員也越多。但這只有在整個社會不存在性嫉妒和性排他的前提下才有可能。

由於婚外情的大量存在，已經締結的婚姻極其脆弱，離婚成為一件相當方便的事情，他（她）只要各自回到自己的家族，婚姻關係就宣告「結束」了，雙方可以各自另覓新歡。財產和兒女是屬於家族的。如果是「從夫居」，妻子一個人返回自己的家族；「從妻居」的話，丈夫一個人捲鋪蓋回家。財產和兒女與婚姻無關，它們在沒有出現之前已決定了歸屬。因此在這些方面不會產生糾葛，感情也不欠對方什麼，愛過也不必說抱歉。

在對待性的態度上，人類文化的差異竟如此懸殊，真讓人不可理喻。

無論是東方人的傳統觀念，還是基督教、猶太教的基本教義，性淫亂都是罪惡之源。用這種眼光來看太平洋島嶼，那裡真正稱得上淫風甚熾了。但事實上，這片世界上風光最為迷人的區域並未因此而成為罪惡的淵藪。當西方傳教士想把「性乃罪惡之源」的概念也傳達給太平洋島民時，當地人覺得十分可笑、十分愚蠢，對此嗤之以鼻。

有的人類學家從婚姻制度發展史的角度來解釋太平洋島民的性觀念。他們認為太平洋島嶼土著居民尚處於低級、原始的婚姻發展階段，即一夫一妻制尚未定型前的社會階段。這種解釋有一定的說服力，它同時揭穿了另一層謎，即自由的性交往乃罪惡之源這一說法是一夫一妻制定型後的產物。人們為了維

護一夫一妻制的穩定，防止它的輕易破裂，才有意製造出這一倫理觀念，並上升到教義的高度。尚未進入「高級婚姻發展階段」的太平洋島民，在他們有關「性」的思維中，根本無法會心地理解「性與罪惡」之間的關係。

性，這種原始的人類本性，在太平洋島嶼上，比東方、比西方都得到了更真實的還原，或者說不是還原，而是始終未改變它的本色。性，不僅僅是人類生存繁衍的手段，更是人類藉以抒發原始激情的重要方式。在太平洋島民那裡，性與善、與光明、與美好聯繫在一起，使社會充滿活力和激情，而不是相反。因而所謂賣淫、強姦等等「文明社會」中難以禁絕的與性相關的罪惡在此無法想像，由性嫉妒引起的種種人際緊張也緩和得多。

太平洋島民盡情展示、欣賞和追求人體美，他們的很多舞蹈直接表現兩性關係，刺激與引逗情欲的產生。對此他們毫無見不得人的感覺，不像「文明社會」的人那樣鬼鬼祟祟，總是戴著有色眼鏡。

《婚床》的作者布雷多克描述過一位叫作洛貝絲的東加婦女有關「性」的感受：「她來到世間就是享受自己所具有的一切。由於年齡的增長，一個人會變老變醜，享受的能力會消褪，一生的樂趣必須緊縮在短暫的青春年華裡享用。她聽說過，有的人一生中只有一次把自己的整個愛情奉獻出去。她確乎也隱約地想像出激發這種情感的條件，並且認為這實在好得很。不過，她本人的經歷與之大相逕庭。她多次墜入情網，而每次都情真意篤。」❸

太平洋島民重視感情，尤重視男女之情，竭力使愛的火焰

---

❸ 〔美〕約瑟夫・布雷多克：《婚床》。

熊熊燃燒下去，並不認為從一而終是高尚行為。他們追求快樂，無所顧忌地盡情享受生命給予的快樂。我們站在不同的文化角度，也許對他們的性態度難以苟同，但太平洋島民的思想和行為光明磊落、健康自然，並不骯髒、猥褻、下流，因而可說是無可厚非。

愛的折磨

　　同自我標榜「文明」的西方人、中國人、印度人一樣，太平洋島民也刻意追求「愛的藝術」。這種追求較之「文明人」更加大膽、更為熱烈。他們有著豐富的愛的語言和愛的技巧，在審美觀念和愛的表達方式上，呈現出與「文明人」許多顯著的不同。

　　怎樣才富有性感？特羅布里恩德島上的人看不慣西方人的蒼白皮膚，「上面布滿斑點就像患了白化病」，說歐洲人的大鼻子「尖銳得像斧刃」，歐洲人的薄嘴唇、大眼睛「和水坑一樣」。因而歐洲人是絕對醜陋的。他們的性美學標準是：「小而亮的眼睛，豐腴而線條清晰的嘴巴和用檳榔子染紅的嘴唇。身材要勻稱，女人綽約窈窕，不懷孕時不要鼓起腹部。但首要的還是婦女的乳房美。到達婚齡的姑娘要按摩自己的乳頭。這種習俗和巴厘人用暮麻揉搓乳頭，使之鼓脹的作法相似。」❹

　　在炎熱的太平洋島嶼地區，赤身裸體是極為常見的。大多數地區，成年男女只用草裙圍一裹一下身體。裸體清白而又自然，不會引起任何邪念歪想，「赤身裸體比袒胸露肩更接近貞

---

❹ 〔美〕約瑟夫·布雷多克：《婚床》。

潔。」然而當男子或女子「開始身掛一條鮮艷的垂穗，幾根絢麗的羽毛，一串閃耀的珠璣，一束青青的樹葉，一片潔白的棉布，或一只耀眼的貝殼，自然不得不引起旁人的注意。」❺這種有意識的遮掩或裝飾其實蘊含了豐富的語言，即把性感最充分地表達出來。

繪身和紋身往往是比飾物更富刺激的性吸引手段；尤其是紋身，它要求被紋者忍受極大的皮肉痛苦，但由於這種痛苦能夠換取巨大的魅力，所以在太平洋諸島上極為流行。復活節島人用弧形線條紋前額、耳輪和雙唇；在東加，人們紋自己的雙腿和雙臂；馬克薩斯人甚至紋自己的舌頭；毛利人覺得紅嘴唇討厭，於是把它染成或紋成藍色。

太平洋中部塔希提島的居民認為在女性身體的各部位中臀部最美，臀部美的女性理所當然最具魅力。因此，塔希提島的女性就煞費苦心地研究各種臀部化妝術，「紋臀」就是其中一種。她們強忍皮肉之痛，在自己的臀部上刺上優美的花紋。在她們紋臀時，男人允許觀摩全過程。他們一邊欣賞，一邊發表評論。

薩摩亞島上的婦女直接在下身刺寬帶狀的花紋，甚至在性器官上加刺紋飾。據說接受這類紋身的女子表明已達到成熟的年齡，可以獲得男子的愛了。下身刺紋在波利尼西亞最為流行，其意義都是標誌著在進入婚齡後，有權利且有必要提高自己的性吸引力了。

與世界上許多民族一樣，舞蹈作為吸引異性的重要媒介，在太平洋島嶼上極受青年人的喜愛。一名男子如果沒有精湛的舞藝，即便他擁有其他種種出類拔萃的素質，也很難得到姑娘

---

❺ 〔美〕約瑟夫・布雷多克：《婚床》。

的青睞。在舞場上，一名精神抖擻、舞姿超群的男子會得到姑娘如痴如醉地欣賞。在「文明」社會中，男子可以用大筆的金錢、珍貴的珠寶吸引女人，在太平洋島嶼上，男子必須用出眾的舞姿吸引女人。

除了超凡出眾的舞藝，男子還有一項必不可缺的素質——體現自己有多麼勇敢。在那些崇尚獵頭的部落裡，敵人的頭顱當然就是獻給姑娘的最佳禮物了。如果沒有頭顱可送，寧可挨一頓打來換取對勇氣的考驗。居住在新幾內亞島上的每個達納基爾男人，在婚前都要接受新娘親屬的一頓鞭笞。他的胸前、肩頭、後背要經受無數次用河馬皮搓成的鞭子撻伐，而他臉上除了堆滿微笑外，不能露出絲毫其他表情。

太平洋島民愛的技巧充滿刺激，同紋身和接受鞭笞一樣，以損害身體的方式來增強感情的表達程度。

在特羅布里恩德島上，「女人在很多方面處於統治地位，在『濫用情感』期間，女人也以態度更為積極的一方出現。女人在情欲得到滿足之前，引誘男人的傳統方式是使情人經受各種各樣的皮肉之苦，諸如『抓撓、手擊、棍打、用利器傷害〕等等。男子將這些殘暴的『照顧』視為她的愛的表示和她的優良性情的表現，並且覺得做男子漢就得抗得住這些折磨。他身上帶著情人留下的片片傷痕，心裡懷著一股不可名狀的自豪感。特羅布里恩德人總以觀看男人或女人的脊樑上留下的性生活成功的標記為生活中的一大快事。」❻

特羅布里恩德人作愛過程中還有一大特點，可能令我們無法欣賞，那就是咬掉對方的眼睫毛。據在那裡長期從事人類學調查的人類學家馬林諾夫斯基講，整個島上沒有看見過一個小

---

❻ 〔美〕約瑟夫・布雷多克：《婚床》。

伙子或女孩子的眼睛上長著天然的長睫毛。在島民看來，眼睛是「性欲望的大門口」，所以「我的咬掉的睫毛」是情人間情深意篤的代名詞。作愛的一個相當重要的內容即是：「溫情地、或激情地俯身於他的情侶的眼上方，咬掉他的眼睫毛⋯⋯」

這種愛的折磨的確令我們目瞪口呆，但在特羅布里恩德島上，它的的確確具有調動激情的重要功能。從某種角度上看，這有些類似於「施虐或受虐」的心理變態；就像中國古代，女人惟有「三寸金蓮」才能喚起男人的愛慕一樣，它是一種難以理解的性心理現象，又是一種獨特的「愛的藝術」。

這些看似野蠻的求愛技巧所帶來的同樣是浪漫且富於詩意的至愛境界，「情人被比作相互依偎的椰子、上下追逐的蝴蝶、比翼齊飛的鳥兒、渾然一體的霧靄，或者連綿數里的山巒。女人是貝殼、露兜樹紅色果實上的花冠、搖曳的鮮花；男人則是太陽、彗星。男人還有時被比作山裡生長的蕨，俯視他心愛的姑娘，悄聲傾吐愛的甜言蜜語。」❼

在愛的藝術上，太平洋島民調動起他們全部的智慧和能力，創作出讓其他民族黯然失色的愛欲文明之篇章。我相信，沐浴於愛河中的世界各民族，其感受是相同的，但在表達方式上千姿百態，爭奇鬥艷。如果文化表現相互雷同，千篇一律，或者大家只隨從於其中一、兩種「發達文明」，那這世界還有什麼趣味可言？

---

❼ 〔美〕約瑟夫・布雷多克：《婚床》。

迴避岳母風俗

　　嚴禁亂倫，亦即同一家族（氏族）成員之間嚴禁通婚，丈夫和妻子必須分別來自不同的而且最好是相距甚遠的家族（氏族）群體；這是人類在自身發展過程中所總結出來的一條鐵的禁忌。

　　對於亂倫關係的禁止，眾所周知，與近親繁殖會導致有害基因的產生，使人種不斷退化，最終促使種族滅絕有關。但其實還有一個非常重要的原因是，只有異族通婚才能帶來使人類更好的生存下去的社會文化利益。亂倫不僅使人的體質衰弱下去，也使人的活動範圍越來越小，失去對人類發展而言至關重要的區域流動性，失去物質和信息的互惠性交換關係。而異族通婚則不僅能加強相互聯姻之群體的生產和再生產力量，使人的生存能力遠遠超過單個家族所具備的能力，而且能促進貿易的交往、軍事同盟的形成，還有因利害關係的一致，共同對付其他的威脅力量。

　　如前所言，太平洋島民生活在親屬關係的網絡之中，相互之間血緣關係靠得太近，一旦發生感情，難免出現亂倫現象。另外，島與島之間的隔絕，給人際的流動難免帶來諸多不便。這些客觀因素都促使太平洋島嶼上亂倫的事較其他民族更易發生。也許是曾無數次目睹因亂倫引起的人類悲劇，也許是太平洋島民更需要依賴族外婚制作為紐帶與外島構成聯絡網，以打破封閉，擴大交流，太平洋島民似乎比世界上任何其他民族都更為堅決地貫徹「亂倫禁忌」，它成為維護社會整合的一條首要而醒目的要素，如果有誰違背了這一禁忌，幾乎在任何地區都會處以死罪。

特羅布里恩德島民訂立了一系列迴避關係，以作為「亂倫禁忌」的補充和防範。

作為兄妹或姊弟之間的迴避關係，它規定——
（一）兄妹或姊弟必須避免任何社會接觸或親密行為。
（二）兄弟必須避免知道一切有關姊妹性方面的事。
（三）姊妹結婚後，兄弟必須避免直接涉及姊妹的任何有關生育的生活。
作為外婚法則，它規定——
（一）男子避免與其他亞氏族中的女子結婚或與對方發生性關係。
（二）和自己同氏族但不同亞氏族的女子結婚是錯誤的，與她們發生性關係是危險的事。❽

總之，妻子可以是買來的，換來的，甚至是搶來的，但絕不能是有血緣關係的。有趣的是，在許多地區，甚至把防範亂倫的戒律擴大到女婿與岳母之間、叔與嫂之間，產生了所謂「迴避岳母」的風俗。

塔斯馬尼亞人「對岳母保持嚴格的迴避態度。女婿不能與岳母接近，不能與岳母談話，更不能與岳母開玩笑。如果他在行走中與岳母狹路相逢，必須趕緊離開道路，躲進灌木叢或草叢中，以示避諱。」

同樣的風俗在太平洋島嶼不少土著中都存在。例如：「韋恰齊人的女婿一見到岳母朝他走過來，他必須躲到別處去。如果岳母就在近旁，而女婿本人沒有發覺，就會有好心的人告訴

---

❽ 〔美〕R・M・基辛：《文化・社會・個人》。

他，於是女婿十分羞愧地趕緊離開。卡米拉羅人的女婿平時不能與岳母談話，要是確實非談不可，那他和岳母各自轉過身去，背對背地大聲說話，似乎他們並不是站在一起，而是相距甚遠。還有的部落不僅把女婿跟岳母談話或朝岳母看視為不規矩，就連不小心踩到了岳母的身體的影子，也會被認為是不規矩的行為。」❾

其實岳母和女婿之間並不存在血親關係，只存在輩分關係。在澳大利亞土著阿蘭達人那裡也有過迴避岳母的風俗，其原因在於阿蘭達人有種奇怪的規定，這規定要求男子必須先找「岳母」，再找妻子。因此他物色和挑選的對象不是少女，而是少女的母親；更確切地說，這位「岳母」是尚未懷孕或成婚的女子。女婿必須耐著性子等下去，等岳母把女兒生下來，並撫養成人，才可成婚。如果岳母生不出女兒，那只能換人，換到能生女兒的岳母出現為止。這樣，在年齡上，男子可能與岳母一般大，甚至比岳母還大。為了防止女婿與岳母之間出現不該發生的事，而出現了迴避的風俗。

但這只能解釋阿蘭達人這一處特例，並不能對流傳甚廣的「迴避岳母風俗」做出有效的說明。其實，人類歷史上對於亂倫的排斥，曾經歷過兩個階段：首先是血親間婚姻的禁止。其次是與配偶的血親之間性關係的禁止，像是女婿與岳母之間、叔與嫂、姨與姐（妹）夫之間等。這雖然不屬於血親的領域，但它是不道德的行為，如果發生這一類事，勢必影響家庭的安危、社會的穩定。於是，「迴避岳母風俗」同「亂倫禁忌」一樣，當作調節社會關係的禁忌被制訂出來，強行約束每一個社會成員的行動。

---

❾ 顧章義主編：《世界民族風俗與傳統文化》。

在美拉尼西亞，大南巴人的婦女穿戴著用露兜樹葉撕成的細條做的裙子和假髮，十分引人注目。這種特殊的頭飾有一個作用，因為傳統上禁止女人被丈夫的兄弟看見，所以一個女人在小路上碰到丈夫的兄弟，就蹲在路旁用假髮蓋住臉。這比「迴避岳母」做得更絕了。婦女甚至用特殊的標誌提醒丈夫的兄弟，不要去接觸她。看來，在大南巴人那裡，歷史上曾因與配偶的血親之間發生過性關係，而導致嚴重的社會動盪，才會留下這樣嚴酷的禁忌。

無論是迴避岳母，還是用假髮蓋住臉不讓叔子看見，在現代人看來，都是令人噴飯的笑料。這也許是女婿與岳母之間、叔與嫂之間不應發生性關係作為潛意識已經紮根於人的思維深處，當作文化傳統被遺傳下來。但當我們考察了「迴避岳母」風俗的來由後，非但不應當作笑料，還應該表示欽佩——港斯馬尼亞人等太平洋島民以一種近乎不盡情理的手段實施一項明智的舉措，不讓後代重演歷史的悲劇。

具有神性的婦女

美國人類學家戴維夫婦曾攜女兒到居住於新幾內亞島的吉米人世界去生活過兩年。戴維的妻子搜集了吉米人幾十種儀式中所演唱的幾百支歌曲，並研究了幾十個神話故事。在這些神話故事中，她獲得了有趣的發現。

吉米人的男女對立是十分嚴重的。「平時，當男子們去參加大型集體活動，如巫術審判時，婦女們或獨自一人或三三兩兩地留在家裡互相修飾，或是默默地編織網兜、餵奶和上園子鋤草。男人們認為她們智力低下，極其下賤，公開蔑視女

性。」[10]

然而，在神話中，婦女的地位卻截然不同，呈現出與平時不斷受到男子壓抑恰恰相反的傾向。

例如，有這樣一則神話故事——

有個男子下網捕著一隻食火雞——一種巨大而不會飛的鳥。他鑽到鳥肚子裡去吃它的肉，把眼睛留在外面的一片樹葉上。他沒把這件事告訴妻子。後來，他又捉到許多鳥，都如法炮製。有一天，他的妻子尾隨了去，拿走了樹葉上的眼睛回家了。男子跌跌絆絆地摸回家來。妻子責備了他一番後，把眼睛又還給了他。這個故事是要告訴人們：誰要是欺騙了女人，那麼他將失去許多東西。

再看另外一則神話故事——

一個男孩子死後，其骨殖被葬在一個樹洞內。他姐姐知道了。人們告訴她，能聽到樹洞內發出神奇的聲音，但不得走近它。她聽到魅人的聲音，情不自禁地拿棍子敲擊樹身。大樹裂開了，所有的極樂鳥都飛了出來。她使弟弟的屍骨復生為美麗的神鳥——使男子的靈魂得以自由翱翔。

戴維夫人的研究表明，在大量神話故事中，婦女不僅被看作萬物之母，而且是恩賜智慧予男子的人。

兩性戰爭中，神話是爭奪極為激烈的一個領域，誰能夠控制神話領域，誰實際上就占據了一種神聖的支配權。吉米人的男子也許擁有自己的同盟以欺壓女性，也許在食物上遠遠比婦女吃得好，也許可以公開地歧視女性。但他們在這樣做的同時，又不得不負擔一種懼怕；具有神異功能的女性一旦施放魔

---

[10]　劉達成編：《當代原始部落漫遊》。

法，那將無法承受。這些神話是婦女用以保護自己，減輕男子壓迫的重要武器。由於婦女缺乏類似男子會所那樣的同盟組織，因而難以有效地團結起來以集體的力量對抗男子，但只要在神話和魔法領域不全軍覆沒，那麼，依然可以造就男女之間一定的平衡，使天平不至於過分傾斜。

在許多島嶼上，女性掌握著唯有她們才能擁有的巫術，並按母系相承。例如，美拉尼西亞的島民懼怕一種飛巫，類似於歐洲的巫婆。飛巫吃人的屍體，主要是吃海中淹死者的屍體。她們從很遠就能判斷出有船遇險，並在暴風雨中飛向海面，去捕食美味的食物——即淹死的屍體。雖然沒有人公開承認自己是飛巫，但如果被人懷疑，她不會加以反駁，這非但不會影響她在社會中的地位，反因擁有這種特異功能而被人敬畏。不管是否真的具有這番神異，超自然的手段也是女性所能利用的少數幾種保護自身的手段。

無論是母權制部落，或是父權制部落，抑或實行雙系制的地區，都不得不承認女子具有許多男子所不可能具備的功能，及由此所產生的魔力。例如，生育功能，「特羅布里恩德人認為，世間一切事物都和母親有關，這是天經地義的真理，因為父親就辦不到這一點，他們對此深信不疑。事實上，許多巴布亞——美拉尼西亞島上的土人也都不把性愛同懷孕聯繫在一起。特羅布里恩德人認為，孩子的肉體僅來自母親一方，父親與此毫不相干……」[11]

特羅布里恩德人實行的是母系制度，將女性與創世聯繫起來是十分正常的。但在那些男性對政治擁有控制力的社會裡，仍不能不承認，有一種神祕且至高無上的力量超出了男性控制

---

[11] 〔美〕約瑟夫·布雷多克：《婚床》。

之外，這就是生育的能力。對於女性所生育之後代的法律權利，男性可以加以安排，但他們仍然不能掌握創造生命（以及用乳汁維持生命）的能力。懷孕和生育雖然是黑暗、神祕、危險的過程，然而卻是一種令男人妒忌的能力。

由於女子具備這種不可思議的神奇功能，女性被理所當然地與創世的神話、創造的魔力聯繫在一起。於是，男子千方百計地想把這種能力奪過來。

吉米人的男孩成年禮中有一項很重要的儀式，那就是讓他們聽一種特殊的笛子聲，並被鄭重告知這種笛子原先屬於女人，現在被男人奪了過來，因為這種笛子象徵的是生育繁衍的創造力。孩子們還被從頭到腳都塗上發亮的紅色油脂，這種紅色的顏料是從露兜樹的種子裡榨出來的，它用來模擬女性生產時的血液。這意味著男子也可以像女子一樣生育。新幾內亞沃吉歐島（Wogeo）上的男人定期割裂陰莖，流出血液，極為明顯地是在模仿月經。這些煞費苦心的把戲正表明了男子對女性魔力的懼怕。

不管男子如何不死心、年復一年地把這些把戲玩下去，女子的神奇能力非但沒被搶走，反而愈加神奇，由此創造、衍生出來的神性都在相當程度上保護了女性的地位和利益。

陶泊制度

在薩摩亞島，未婚女子都有權享有性交往方面的絕對自由。只有一個人被排斥在外，那就是「陶泊」（taupo）。她是每個村社裡特別挑選出來的少女，必須出身高貴，一般是村中頭人的女兒或頭人妻子的姊妹，年齡在十五、六歲左右，未

婚，長得要漂亮，舞藝精湛，聰明，能力強。總之，她的地位類似於公主；確切地說，是「禮儀公主」，是一個村社形象的代表。

某位姑娘一旦被選為陶泊，其地位頓時顯赫，連村裡上了年紀的婦女也要給她禮節上的尊敬。她成為村中有地位婦女的組織——「女性福努會」及普通婦女的組織——「奧拉魯瑪」的當然領袖。酋長的妻子對陶泊也必須待以十二分的敬意，稱她為「殿下」，當陶泊旅行時，陪伴在她左右，和陶泊說話時必須單獨使用一套名詞和動詞。只要陶泊提出願望，總能最大限度地得到滿足。平時還專門有一位老嫗陪伴著她，為她提供服務。她也用不著擔心有人膽敢襲擊她，因為企圖染指陶泊的人以前是要被打死的，即使現在也會被逐出村莊。

但陶泊在享受種種特權的同時，卻也失去了很多很多。首先是性交往的自由。她必須絕對地保持貞操，如果發現有陶泊失貞，那是全村的恥辱。她不能像其他女孩子那樣隨心所欲地追逐情愛，村裡也沒有哪個年輕人敢做她的情人。在性交往上，她所表現出來的不是保守，而是極端的克制和穩重，一種近乎犧牲的態度。

陶泊的婚姻是全村的大事，從籌劃婚事到舉行婚禮，都由參議酋長（地位次於酋長的首領。作者注）夫婦一手操持。他們既是她的參謀，又是她的伴郎（娘）。她不能像其他女孩子那樣，在言行上無拘無束了，不能輕易地表達自己的情感，舉止不能輕佻，言行要有示範性，不能隨意出錯。「陶泊不能拜訪村裡其他人家，也不能在夜裡擅自離開自己的住處。她睡覺時，會有一老年婦女伴她而睡。在無人相伴的情況下，她是絕對不能去其他村子的。在自己的村裡，她要嚴肅認真地對待自己的工作，無論是在海裡洗滌，還是在種植園中勞作。」[12]總

之，陶泊失去了做普通女孩子的自由，失去了越軌的自由，她的獨立人格是遭到否定的。

陶泊其實是一個高貴的奴僕，她所擔當的特殊角色決定了她的所作所為是為全村社的利益服務的，是為酋長、頭人的利益服務的。「人們總是強調陶泊的主要義務就是侍候他人。村莊的公主同時也是村莊的奴僕。侍候來客，為他們鋪床，斟卡瓦酒的是她；在客人或自己的酋長高興之時睡眼惺忪地爬起來為他們獻歌獻舞的也是她……如果村民決定向另一個村子借蓋房子用的棕櫚葉等材料，他們就會盡可能把自己的陶泊打扮得漂亮些，帶她去參加『麥拉卡』的聚會（一種社會活動。作者注）。」「同齡的女孩子所習得的禮儀少得可憐……但陶泊必須掌握細緻、豐富的知識，不僅要了解本村的社會布置，而且要了解鄰村的社會布置。」在豪華宴上，當「參議酋長頌揚客人的衛位，確定他們每人所用的卡瓦酒之後，她必須以適當的儀式、大方的氣度款待客人。如果她錯佔了一個等級高於她的陶泊的位置，那麼對方的女僕會扯住她的頭髮，將她高高地吊起。」⓭

陶泊的舞蹈別具一格，它不像其他青年人的舞蹈那樣自由奔放，可以盡興發揮，而有著嚴格的程式和規定的風格，專門在重大場合表演。《當代原始民族》一書中對陶泊的舞蹈有過精彩的描述。

「接著輪到掌禮公主出場了。她洗過澡，並用椰子油和香草塗抹過全身。她赤著雙腳，僅穿一條用軟席編成的

⓬　〔美〕瑪格麗特・米德：《薩摩亞人的成年》。
⓭　〔美〕瑪格麗特・米德：《薩摩亞人的成年》。

短裙,戴著一個花環,足踝由於佩戴著用貝殼和光亮的種子做成的踝環而叮噹作響。她的頸部在用鯨牙和小朵小朵光潔的菌子串編的項鍊下閃閃發亮。

「她的頭飾或稱『特溫加』(Tuinga),比其他一切裝飾更顯突出,真是既複雜又壯觀。公主不彎腰進不了屋子。她那高高的髮髻是用紅鸚鵡的羽毛和藍色的紅魚殼片裝飾起來的。要使她的頭髮變成蓬鬆的茶色頭髮,需要花半年多時間,用珊瑚石灰、海水和陽光處理。從前額的珠母髻用五根小棒像扇子似地向上排開,以支住她戴的那頂高達兩英尺(約○·六米。作者注)的頭飾。龜殼和樹皮也用來做頭飾物。每次佩戴這分開的五根小棒,必須編攏並排開,這樣在舞蹈的時候頭飾就不致滑下來。頭飾在她的頭上繫得很緊,她可能因此會感到劇烈的頭痛,甚至會在舞蹈結束前就昏過去。

「當她輕輕撫摸著足踝和腿部時,她的一舉一動都細膩而精妙。這時代言頭人行使自己的特權,站起來在她的身邊跳起舞來。他面對著她,配合她的動作,但她對他卻不加理睬,不論什麼事物都不能打擾她那充滿自豪的鎮靜。他想用不協調的動作來吸引觀眾的注意,但這些厚顏無恥的動作只能偶爾使公主改變一下傲慢的表情。她的動作加快了,一種狂熱的淫蕩姿態達到了最高潮。這時,觀眾高聲喝采,叫喊再來一次。」[14]

陶泊的舞蹈是莊重、超然、飄逸的,但又充滿柔情和情慾色彩;它是這兩者的統一。

---

[14] 愛德華·威爾:《當代原始民族》。

雖然陶泊被要求多才多藝，然而人們對她最關心的仍然是能否保持童貞。她被要求過著嚴格的處女生活。在她結婚時，會有一個公開的失貞儀式：當著眾人的面，証明她是處女。

這一習俗雖早已為法律禁止，但在美國人類學家米德半個多世紀前上島調查時，這種儀式在實際生活中尚未能徹底消除。如果在儀式中証明她已非處女，女方的親屬會用石頭砸這個使他們感到羞辱的姑娘，毀壞她的面容，有時這種傷害甚至是致命的。薩摩亞的婦女在生了孩子以後，很少在床上躺幾個小時的，但這種對童貞的公開驗証有時卻會把姑娘折磨得在一兩週內臥床難起。

類以於陶泊制度的現象在波利尼西亞其他島嶼上也有發現，但不像薩摩亞島上這樣典型。最初，我覺得很難理解陶泊制度。在兩性關係極其自由放縱、將風流作為一種美德的薩摩亞島為什麼出現這樣一位貞潔的女神，何況她並不是為神而提供的犧牲。究竟是一些什麼樣的動機促使島民做出這種看似怪誕的事情呢？

薩摩亞人並不提倡姑娘守貞，但貞操畢竟是珍貴的，因為一旦失去了，就不能再擁有。如果大多數姑娘都輕易地失去它，那麼擁有者就格外增添了她的媚人之處。島民雖然追求自由性交往所能體驗到的原始本性的抒發，把它當成一種美；但與守貞相聯結的高貴、典雅，作為另一種美，也被島民崇尚。

陶泊的貞操並非是她自己的，也非丈夫的，而是村社社會成員全體的。陶泊與神無關，但那一系列犧牲自我的舉動其實是為了全體；似乎有了她的守貞，才能換取全體成員的性自由；或者說她是嫁給了全體，她必須為全體守貞，她必須將最珍貴的貞潔奉獻給全體。

陶泊也是政治舞台上的一個重要角色，不僅她的言行舉止

具典範性，大多數所作所為也都直接為政治服務，例如在宴會上獻酒、獻舞，為酋長增添榮耀，在麥拉卡上以其特殊地位為本村社謀取利益；甚至她的婚事也是一種政治聯姻，對方往往是其他村社的參議酋長。

　　陶泊的出現是一種社會的需要，彷彿有了她的存在，社會才獲得了一種平衡，不至於傾斜，其他社會成員自由放縱的心靈才能無所畏忌。就像我們身處的社會，如果絕大多數人都拘謹守規，必須有一部分人是挑戰者、冒險家，社會才會有活力一樣。陶泊制度稱得上是社會自我調節的必然產物。

Chapter 5
人生之旅

生命之初

　　物質的再生產與人口的再生產是人類生存發展的兩件大事。人口再生產的數量既同能不能生產、願不願生產有關，也同社會客觀條件允許與否有關。像印度、中國這樣的農業社會，精耕細作的生產方式及節衣縮食的生活方式，使得只用少量的土地就能養活大量的人口。在古代中國和印度，一家有五個到十個子女並不是稀罕的事情。

　　太平洋島民的繁殖率並不是很高，雖然沒有精確的統計，但可以估算出每位婦女平均生育二～三人。受到島嶼面積的限制以及食物來源的限制，太平洋島民對生育的態度同中國人截然相反，孩子不是越多越好，而是儘量少生，甚至不生。在如何減低人口出生率上，島民動足了腦筋。

　　一些介紹太平洋島嶼的書籍都說到島民有許多傳統的避孕手段，但又言之不詳。在缺少種種避孕藥及避孕器具的太平洋島嶼，除了那些隱祕的，現在也許早已失傳的傳統手段外，大

量採取直接犧牲的手法，如強制流產、殺嬰等等。促使孕婦進行重體力勞動，並故意減少孕婦所需的營養，稱之為間接流產；猛烈壓迫孕婦的腹部，或採用其他暴力手段，稱之為直接流產。這些現象尤其在環境險惡、資源貧乏的新幾內亞內陸及太平洋小島上極為常見。有這樣一種普遍的信仰，即認為嬰孩在獲得一個名字並為他舉行其他各種儀式之前，並未成為一個真正的人。故而在這之前，把嬰孩殺掉，並不認為有罪。將嬰兒丟棄、斷食、窒息甚至直接殺死的事屢見不鮮。對於這樣的習俗，我們絕不可能去贊同，但也不必馬上做出道德論斷。為了控制家庭規模以便使再生產的代價降低到最低點，當地人或許不得不這樣做。

如果母親順利懷孕，嬰孩的生命也得以保全的話，一件重要的事就是確定孩子的歸屬。在那些母系或者父系制度確定的社會，歸屬當然是法定的，即屬於母親一方的家族或父親一方。但在那些實施雙系制的區域裡，就不得不辨明歸屬了。臨產前，必須確定子女究竟留在父家或母家，以便選定子女的守護神。在薩摩亞群島，婦女臨產時，神主向父系的氏神祈禱，祝福分娩安全順利。如果孕婦分娩延遲，則向母系的氏神祈禱，生下後歸於母氏。

至於命名，大多數地區由父母直接選擇，根據父母的興趣、愛好，選取魚、鳥、植物、地名或者生孩子時的種種境遇命名之。而在新幾內亞、美拉尼西亞一些獵頭部落中，則用死者的名字為孩子命名。這種命名儀式往往與成年禮同時舉行。在《當代原始部落漫遊》一書中曾有這樣的描述：

「在阿斯瑪特的某些地方，要用一顆新砍下的人頭，為孩子舉行成年禮。男孩坐著，把人頭夾在兩腿之間，這

樣，人頭的力量便奇妙地轉給這孩子。然後，父親把這個男孩放在船上，朝著日落的方向，即所有祖先的靈魂地划去。

「這男孩扮成一個老人，假裝越來越衰弱，最後佯為死去。這時一位叔伯把他浸在海裡，這男孩就在禮儀上又誕生了。

「在返程中，男孩子慢慢甦醒，親戚們把一路看見的樹木、動物以及河流的名字教給他。回到村裡，就用那受難者的名字為男孩命名，這時男孩就攫取了他的氣力。」

這樣的命名儀式，頗有一種神聖的感覺，彷彿從此便知道了自己從哪兒來，要到哪兒去，對生命有了一種根本的意識。

對於海的子民而言，幼兒出生以後，必須讓他首先認識的是人和大海的關係。薩摩亞人如果有男孩出生，就將他的臍帶拋入海中。加里曼丹島上的伊班族人，大部分時間均在海上漂流。只有在女人生孩子前幾個星期，夫婦才上岸，蓋一間小屋，讓妻子在小屋裡分娩，但父親仍然生活於船上。之所以讓孩子在陸地上出生，據說是為了他將來在廣闊的海洋上漫遊時，有一塊陸地可供落腳。

嬰兒出生後第五天，如果是個男孩，將為他在海上命名。那天，丈夫把妻子和孩子帶到海上，將孩子置於海水中，淹到齊腰深，然後對孩子說：「看吧！這就是大海。大海是你的家，跟大海交朋友吧！要喜歡它，不要惹它生氣！」接著又對大海說：「這是我的兒子，我將把他的名字告訴你，你把他記住。請接受我的禮物，不要拒絕，請跟我的兒子友好。」最後，作父親的把一些錢幣投入大海，意味著兒子已向大海交了學費。

這戲劇般的一幕活生生地表達了太平洋島民與大海那種生死相依的關係。出生才五天的嬰兒也許渾然不知，但他的生存環境從生命之初已為他規定了人生的角色。經過海洋的洗禮，他將不折不扣地加入海的子民行列中。

　　孩子出生以後，在如何撫養和照料等方面，不同的文化顯示出極大差異。「波利尼西亞馬克薩斯群島人在孩子六個月時就斷奶；美國中產階級在孩子八個月時斷奶。印度的切勒胡部落（the Cherehu）在孩子六歲時斷奶；在印度的勒普查人（the repcha）中，孩子到了青春期才不再餵奶。」❶

　　哺乳期的長短反映了促使孩子獨立的那份要求嚴格與否。生存環境的嚴酷迫使太平洋島嶼上的母親盡早拋開孩子的牽累，為自身的生存去努力，孩子卻並不因六個月斷奶而有損健康，並不影響孩子因過早食用椰子汁、香蕉而發育成為世界上最強壯的人種之一。

　　曾有人類學家對美國和日本的母親——孩子互動關係做過精確的研究。「日本嬰兒看來是被動的，只要母親多哄一哄、抱一抱、搖一搖，他就會安靜地躺下，只是偶爾發出點不高興的聲音；母親總是力圖哄得孩子安安靜靜，並且這種感情的傳達是身體而不是語言。而美國的嬰兒則主動得多，他們高興地叫喊，對周圍的一切充滿了好奇，母親們更喜歡看護著嬰兒並與之交談。」❷

　　人類學家由此得出結論：「在日本，嬰兒更多地是一個分離的生物有機體，為了成長，從一開始就需要被投入不斷增長的，與他人相互依賴的關係之中；而在美國，嬰兒更多地被看

---

❶　〔美〕F・普洛格、D・G・貝茨：《文化演進與人類行為》。
❷　〔美〕P・K，博克：《多元文化與社會進步》。

作是一個從屬的生物有機體，為了成長，需逐漸使之不依賴於他人。」❸

　　那麼太平洋島嶼上的嬰兒又是怎樣呢？從嬰兒將要歸屬的那個社會來看，它與日本相似，是一個必須與他人相互依賴的關係網。但這份文化概念的傳達卻並非來自母親——嬰幼兒的互動關係。太平洋島嶼的母親很少與嬰幼兒做身體上或者語言上的感情傳達，嬰幼兒只能得到來自於食物方面的基本滿足，至於其他種種渴望，因母親過早地放棄母親的責任而被漠視。一個新幾內亞阿拉佩什人（Arapesh）的母親當孩子受到驚嚇時，會將乳頭遞給他，即使這小孩已經斷奶。而新幾內亞蒙杜古馬人（Mundugumor）為生存壓得直不起腰來，對孩子更為冷漠。「孩子一出世，就開始去適應自己不喜歡的生活。他們常被裝在提東西的籃子裡。這種籃子編得很密，而且粗糙異常……孩子必須使自己的身體適應籃子硬梆梆的編條，幾乎是趴著，雙臂像是被綁住一樣動彈不得。籃子太厚，孩子無法感受母親的體溫，只能看見兩端狹長開口處的光亮，其他什麼也看不見……孩子大哭大叫時，母親並不立即給他餵奶，任何一個站在旁邊的人，不管是母親，還是其他婦女或姑娘，對孩子看也不看一眼，碰也不碰一下，只是用他們制止孩子哭叫的慣用方法——用手指甲狠抓籃子的外部，發出陣陣刺耳的響聲。經常的訓練使孩子適應了這種聲音，這似乎使人感到儘管孩子原來為寒冷、口渴、飢餓而哭叫，但這種微不足道的刺激卻解決了問題。」❹

　　蒙杜古馬人被認為是相當野蠻的民族，即便孩子，都被當

---

❸　〔美〕Ｐ・Ｋ，博克：《多元文化與社會進步》。

❹　〔美〕瑪格麗特・米德：《三個原始部落的性別與氣質》。

作仇人一般對待，孩子從一出生就被置於對立和冷漠的世界之中。在太平洋島嶼其他地區，情況雖沒有這麼嚴重，但孩子至多只能滿足基本的生理要求。文化對兒童的最初影響是通過滿足或置之不理其要求的方式來實現的。通過對成人具有文化意義的舉動來滿足或不滿足孩子食物、睡眠、感情、活動、排泄的要求，孩子就接受了成人的社會期望或者說被鑄造了行為模式和人格類型。

太平洋島民的孩子們在被置之不理中成長，然而卻遠比文明社會中的兒童更早獨立，更早「社會化」。這樣做，對兒童究竟是利、是弊，我們很難做出絕對的評判，只能說，這也是一種兒童教育類型。

成丁禮

成丁禮即為紀念成年而舉行的禮儀。世界上許多民族在歷史上都曾經有過這種風俗，它標誌著男女青年生長到一定年齡，進入成年期了。當代一些國家仍然留存著成年禮的儀式，例如，日本將每年的一月十五日定為成人禮，作為國定假日，全民放假一天。這些年，在大陸，成年禮的儀式又漸漸開始恢復。然而，這些儀式，大多僅僅是走過場而已，並無多少實質性的內容和要求了。

在太平洋島嶼上，成年禮曾極為流行，其中以男孩的成年禮即成丁禮最為複雜、最受重視，也最為驚心動魄。作為人生的重要一站，如果這一關不能通過，那麼這個人也許只能永遠被當作兒童看待。

在太平洋島民的一生中，有三個過渡階段是至關重要的，

· 成丁禮

需要舉行相關的儀式，那就是從童年到成年、從未婚到結婚、從生到死。所有這些儀式都與一個人從一種社會地位或身分向另一種社會地位或身分的變動有關。從一種社會地位向另一種社會地位的變遷過程中，首先，一個人的身體必須象徵性地離開他原來的位置，然後，經過一個過渡性的階段，最後被合併到一個與原來不同地位、不同身分的社會中去。

　　這三個過渡階段對於太平洋島民而言，以第一階段即從童年向成年的過渡最為重要。因為從未婚到已婚、從生到死，影響所及的只是其個人或家庭；然而，從童年到成年的過渡，所涉及的是個人所擔負的社會職責之轉變，事關青年能否按照社會期待去轉型，所以格外受到重視。

　　作為一個女孩子，成年之後，她需要明白的是即將成為一名賢妻良母，即將生兒育女，即將承當維持一個家庭日常生計

的任務。在生理上，由於月經產生，因而成年儀式往往選擇在月經初潮之後。從童年到成年，她除了生理的成熟和從女兒的地位轉變為妻子或母親外，仍生活在女性的範圍內。

然而，男孩子則不同了。他不可避免地要從女性這邊開始生活，然後又脫離女性，學習做一個真正的男人。在那些男女界限分明而且尖銳對立的社會中，這一轉變的過程是劇烈而急驟、神祕而驚心動魄的。

成丁禮是一個過程。它首先標誌著男人將男孩從女人那裡搶了過來，然後，將他與女人隔離開來，給他許多作為男人必須掌握的知識；再通過一系列嚴酷的考驗，証實已具備男人應有的素質後，成丁禮便結束了。男孩不復存在，出現在人們眼前的已是一個真正的男人。

成丁禮是男孩心理的斷乳期，他從此失去對母親的依戀，脫離母親的生活圈，在另外一個純男人的區域過一種戰士般的生活。作為生理成熟的標誌，由於男孩不可能有月經，於是割禮極為流行，它代替了月經，讓男孩從此加入男性隊伍。

澳大利亞土著阿蘭達部落的成年禮最為典型。儀式複雜，而且拖延的時間很長，分成好幾個階段。起初的一些儀式是給十～十二歲的男孩做的，而最隆重的儀式要到廿五～卅歲時才舉行。

第一階段是給男孩做些簡單和不傷人的操作，比如為他塗上油脂，畫上彩色，進行紋身等等。婦女也可以在場。這僅僅是一個心理準備階段。因為接下來就要訓誡他不許同婦女及女孩玩耍。這個階段要把男孩的鼻中隔穿透。

第二個時期就是割禮，前後大約十天。婦女只能參加一部分的儀式，在實施割禮時，她們就迴避了。儀式的主持者是老

年人或成年男子。手術完了之後，給男孩看一件聖物——用毛皮包著的木板，並解釋其意義。未行割禮的人是不能看的，對婦女和小孩也絕對保密。

手術後，男孩全被送入離住宿處很遠的森林中，在那裡接受一系列作為男人必須遵循的規則教育；例如不要順女子的路走，遵守各種飲食禁忌等等。

在叢林期間，他還要學習各種祕密語言，用這種語言同男子講話，不讓婦女接近他們；如果她們來了，就用一種響板的聲音嚇跑她們。

男孩回到住處後，會有幾個男子輪流咬他的頭。據說這樣頭髮會長得更好。

再過五、六個星期或更多一些時間，就舉行成丁禮的第三個階段，即施行在男孩的生殖器上割一縱向切口的手術。婦女同樣可以參加儀式，而且做出各種引誘性的色情動作，逗引男孩；當然，在施行手術時又必須離場。儀式的參觀者舉行舞蹈及妻子交換儀式。儀式的典型情節之一是，將「飛去來器」擲向母親一方的「圖騰中心」所在地；這象徵著男孩脫離母親的監護，從此以後，成為一個男子漢了。

成丁禮最後、最隆重的階段稱為恩格烏拉典禮。全部落的人都參加儀式，多時可達兩、三百人。參加成年禮的男青年也不只一、兩個，而是一大批，典禮持續幾個月，通常是九～元月之間。在整個期間，連續舉行宗教圖騰儀式，向受禮者解說這些儀式的祕密傳說；此外還舉行其他儀式，表演男女之間的激烈衝突，象徵受禮者完全脫離婦女而過渡到男子集團。

儀式最壯觀的場面是火的考驗。先燃起一堆篝火，將新鮮的樹枝蓋在上面，要求青年們完全裸體地躺在樹枝上面，在熱

氣與煙火中一動不動、不叫喊、不呻吟地躺上四、五分鐘。它考驗少年巨大的忍受力、頑強的意志與無條件的服從。這樣的考驗要進行兩次。

後面的儀式可以讓受禮者不受習俗之限，在黑暗中血婦女相互嘲弄調笑。在婦女住處前再次點起篝火，讓受禮者在上面跪半分鐘。儀式的參觀者舉行舞蹈，交換妻子。

這些複雜而漫長的儀式所表達的不外乎是這些內容：（一）以成丁禮的形式，向世人宣告，這個男孩已進入青春期，可以加入成年的行列了。其標誌是割禮或其他方式。（二）雖然成丁禮的目的是離開婦女，加入男人的行列，但婦女仍可參加儀式，並幫助成年，尤其在性知識方面，讓他們接受必要的教育。（三）作為一個男人必須具備的智慧和素質，在成丁禮中，以速成的方式，神祕地加以傳授。（四）成丁禮必須是個痛苦的過程。男人如果不經受種種痛苦的考驗，不可能成為真正的男人。

在太平洋島嶼的其他地區，成丁禮雖然在儀式上形形色色，但目的大同小異。尤其是必須接受痛苦的考驗這一點，被得到廣泛認同和嚴格執行，除了火烤以外，還有紋身、鑿齒、用鞭子毒打、禁食、不許睡眠、互相搏鬥、接受羞辱性的挑戰等等；有些場面極為殘酷，皮破傷殘屢見不鮮，死亡的事也常有發生。

成丁禮稱得上是一種特殊教育，在這一過渡階段，年輕人必須學會與他們新的身分和地位相稱的行為，這行為既包括必要的知識，也包括成熟的心態。它預演了生活可能發生的危機，並練習了如何去對付它。由於成年禮是集體性的儀式，因而年輕人由此對自己在社會中的地位與職責有了明確的理解。

總之，它具有一系列心理和社會的功能。如果沒有了這一過程，人們便會對自己的社會地位缺乏信心，群體也不知道該要求他們什麼。在富有挑戰性的男性群體中，那些痛苦的考驗，分明是給了每一個「成年者」以表現自我的機會；接受的痛苦愈是強烈，一個人在新的群體中地位也愈高。可以說，舉行成年禮的那些社會群體，雖然生活的圈子極為狹窄，但社會內部的人際關係卻極為開放，成年禮使每個自我都不再孤獨，每一個自我都找到了確切的位置與奮鬥的方向。

　　社會組合的複雜化，價值觀的多元化，使現代社會再也不可能重視類似阿蘭達人的那種具有明確目標和莊嚴場面的成年儀式了。社會鼓勵每一個自我向多樣化發展的同時，使其中一部分年輕人喪失了自我，他們不知道作為一個成年人應具備哪些素質，放棄對自己的嚴格要求，不準備承當應盡的社會義務。同時又使另一部分人過分自我，走向心理孤獨或自私，只希望從社會獲取，而不願意付出。成年儀式的取消，也使從童年到成年的過程在時間上越拉越長，心理上的斷乳期遲遲不能到來，對即將面臨的社會責任以及嚴峻的社會挑戰充滿恐懼，無法進入一種成熟、穩定的心理狀態，對於挫折和危機所帶來的痛苦缺乏心理上和肉體上的準備。所以說，在我們這個時代，成年禮並沒有過時，雖然社會要求和考驗形式變了，但對於促進向成人的轉變，明確自身的責任與價值，訓練良好的心理狀態等等，這些都需要一種「準成年禮」的形式加以推動。

薩摩亞人的成年

　　《薩摩亞人的成年》其實是一部書名，美國著名女人類學

家瑪格麗特‧米德的著作。她曾經在薩摩亞島上生活過很長一段時期，對薩摩亞人的一生——從生到死，都有過細緻的觀察記錄。

作為一位美國人，一個現代社會的人，她發現薩摩亞人的青春期和現代社會人類的青春期有著巨大的差異。這引起她的濃厚興趣，並寫成了這部將「原始人類」和「現代人類」進行青年心理比較的書籍。

與青春期顯著的生理變化相應，在社會心理學中，提到青春期，必然與心理的騷動不安，與緊張、衝突的情緒，與代溝，與對傳統道德觀的反叛聯繫起來。這似乎已成為人類共通的現象，不論是西方，還是東方，都存在著青春期危機。如何引導成長中的青年人走出青春期的誤區，成為家長和教師除了傳授知識以外最重要的事情，成為社會經常予以關心的話題，成為文學界、影視界經常予以描述的內容。例如，那部曾引起許多反響的美國肥皂劇——《成長的煩惱》，就出色地表現過這個題材。雖然如此，社會並未拿出過多少良策，可以治癒青春期的「煩惱」；隨著一代代青年的出現，青春期的「煩惱劇」也一幕幕再現。

然而，讓米德驚訝的是，在地球的另一個角落——薩摩亞島上，青年人卻太太平平地成長著，並沒有滋生出「文明社會」裡那許許多多讓社會和家長頭痛的煩惱來，這究竟是怎麼回事呢？

文明社會之所以號稱文明，除了科技文化的發達外，還有一個很重要的方面，就是重視教育。在一個青年人的成長過程中，他要受到家庭、社會、學校多方位、多層次的教育。這種教育雖然表面上鼓勵青年人擁有自主的頭腦、自立的個性和自強的意識，但在一個根本問題上卻是被動的，即價值觀與審美

觀的選擇，任何教育都必然有其特定的價值與審美導向，希望學習者予以接受。它以標準和權威的面孔出現，要求青年最大程度地加以遵循，並以此約束青年，以此判斷青年的好壞。然而，青年人的心靈最為活躍，他們善於也敢於接受各種各樣的價值觀和理想。

事實上，社會也的確提供了各種與前一代人所倡導的相異相左的觀念。當代社會是一個發展迅速、變動劇烈的社會，思想、觀念、標準、權威無時不在更動之中，無法阻礙青年人去接受新的價值，反叛舊的權威，代溝無法避免，內心的衝突和騷動必然產生。

現代社會教育還有一種缺陷，就是在展示美的同時，又竭力掩藏醜。社會不可避免有黑暗的一面，人性不可避免有其醜陋的一面，還有種種不美好的現象，例如恐懼、死亡、災難等等。在諸如此類事象前，社會教育總是避免涉及它，千方百計將它包藏起來，不敢讓孩子直面人生。

性是一個重要的人生課題，東方社會對此包藏得更嚴。從正規渠道得到的教育不多，即便在從事這方面的教育時，仍不由自主地把它視為醜的和不該接觸的，希望青少年能夠永遠「純潔」下去。其結果是封閉越嚴，潛藏越深，不良傾向出現的可能性也越大。

現代社會充滿了激烈的競爭，成長中的青少年卻處於風平浪靜的港灣；中國現代社會尤其如此，過分的溺愛和保護，使他們對競爭的嚴酷缺乏必要的心理準備和考驗。其結果是身體已長大成人，頭腦依舊幼稚，經不起捧打，缺乏堅強與韌性，難免驚惶失措，容易自暴自棄。然而父輩卻對他們又抱予過高的期望。如果能在競爭社會中游刃有餘，當然倍受讚賞。一旦敗下陣來，勢必遭受歧視和白眼，甚至視為低能。這也使得現

代青年容易陷於緊張與恐懼中，無所適從。

現代人青春期中出現的種種問題其實是由社會本身造成的，各種價值觀和審美觀的客觀存在，給年輕人提供了背叛權威與選擇權威的自由，而對社會上的種種恐懼與災難，由於缺乏相應的心理準備，極可能給尚未發育成型的心靈蒙上陰影，給個人性格帶來不良影響。許多人成年之後，所遭遇到的心理動盪往住可以追溯到早年生活中在性或生死問題上所曾經歷過的感情刺激。

那麼，薩摩亞人是如何度過他們的青春期呢？

在外來文化侵入之前，薩摩亞社會是一個相對穩定、缺乏變化的社會，後輩的一生某種意義上講就是父輩的重複，不會有太大的差異，不存在相互衝突的選擇，也不存在任何非刀槍相見不可、非血刃不得解決的激烈的恐懼、痛楚與憂愁。現代社會中那種容易引起青春期心理動盪的信仰選擇危機與權威反叛意識在這裡幾乎找不到。薩摩亞青年人可以在一種相對平和純淨的文化背景中發育成長，他們不會因為受理想的驅動而思緒恍惚、感情衝動，不會時而表現出蔑視傳統、突出自我的強烈願望。父輩不會在價值選擇上給予他們任何壓力，因此也就不會為此產生衝突，不可能出現高達八〇％與父母無法溝通感情的代溝現象。即使父母與子女之間產生不睦，子女只要離家出走，就萬事大吉了。

前文已有表述，薩摩亞的家庭稱得上大家庭，青年人處處可以找到自己棲息的地方，而有長輩親屬對他們都可以行使其父母的責任。這樣，薩摩亞青少年的成長過程，雖然不能說毫無痛苦，但也不會有強烈的感情衝突，不會有過多的心理折磨，不會產生代與代之間的溝壑，也不會被任何人寄予過高的

期望。

　　另外，薩摩亞特殊的家庭組織「幾乎在所有情境中徹底消除了可能導致不良感情傾向的特殊因素……他們對所有孩子都一視同仁。很少有孩子被責任壓得直不起腰來；很少有孩子像一般長子那樣被慫恿得盛氣凌人、傲慢專橫；也很少有孩子像一般獨子那樣孤獨無伴，只能同大人們待在一起，從而被剝奪了同其他孩子接觸的機會，而正是這種接觸，才能使他們順利走上社會。沒有孩子被嬌慣溺愛，以致不能對自己的優缺點做出公允的評價。」

　　由於薩摩亞的孩子生活於一個大集體中，這個集體為他們提供了各種各樣相互接觸的機會，同時使每一個孩子稍一懂事就開始擔負一定的社會責任，這樣，極端的個人主義、自私自利意識都難以生長，嬌弱、怯懦的性格不易產生。

　　薩摩亞的孩子往往剛長大到頑皮、固執，開始讓人難以容忍時，照看弟妹的職責就落到他（她）的身上。這樣，他（她）就不得不收斂自己的放縱，而時刻意識到所擔負的責任。一般女孩子照看弟妹時間長一些。男孩子到十歲以上，便在兄長的指導下，通過各種有效的合作，從事各類帶有冒險性的工作和遊戲。也許這些活動是非生產性的，但卻從中得到磨礪，培養合作意識，發掘自身價值。

　　薩摩亞的孩子向父輩所提出的要求經常被拒絕。往往越是拒絕，越是希望得到。如果不能輕易地從他人手中得到，便不得不通過自身的努力，這樣每一份收穫都彌足珍貴。

　　處在青春期中的薩摩亞孩子尚未對自己的社會組織有所了解，尚未掌握應該恪守的有關言行舉止的知識，對於生死卻已有了極其深刻的理解。所有孩子都見到過出生與死亡，見到過許多屍體。他們也都看見過流產，他們躲在那些一邊對發育不

全的胎兒進行清洗、一邊說長道短的老年婦女的胳膊下窺視。在這種場合，大人們雖不鼓勵孩子們去圍觀，但也並不加以制止；那些年長的婦女如果覺得孩子們吵吵嚷嚷而礙事，會向他們扔石子，但絕無害怕他們受驚或力圖永遠把他們置於愚昧無知的狀態之意。而在現代社會中，對於這種參觀學習，大人們恐怕是要絕對禁止的。

此外，薩摩亞人還經常做那些為尋找死因而解剖屍體的手術，孩子們也常常能夠目睹。「這些手術通常在挖得很淺的露天墳墓中進行，烈日灼人，旁邊站著一大群既膽戰心驚又激動不已的圍觀者。他們恐懼而又著迷地觀望著這一情景。當然，這樣的手術很難成為傳授生理知識以及新陳代謝知識的一種既有條理又不動感情的啟蒙課，但它似乎並沒有給兒童的感情發展留下任何不良的影響。也許，成年人的態度──這種手術雖恐怖，但卻完全是兒童經歷中自然、正常的一部分，我們對此無需大驚小怪──足以解釋為什麼這種經歷沒有產生什麼不良的後果。孩子們對生與死所表現的極大興趣，遠遠超過成年人。」❺

同生死一樣，性，也是早早就向孩子開放的天地。薩摩亞人的性生活毫無祕密可言，青年戀人習慣上在棕櫚叢中幽會，這也就不可避免地使孩子們能經常目睹到性交，而且是許多不同的人之間的性交。而在村裡的棕櫚叢中搜索情侶則成為十來歲的孩子們公認的一種娛樂方式。

總之，在薩摩亞社會中沒有私生活，沒有羞恥感，沒有人為了保持純潔的天性而試圖阻止青春期中的孩子探索大人的隱祕。成年中的青年人對性交往津津樂道，對性行為興趣盎然，這在我們的社會中是完全無法想像的。

---

❺ 〔美〕瑪格麗特‧米德；《薩摩亞人的成年》。

《薩摩亞人的成年》告訴了我們青春期危機並非人類的通病，如果價值觀是單一的，教育方式是開放的，青春期心理緊張會自然消失，代溝會自然抹平。

　　誠然，我們的社會不能同薩摩亞同日而語，變動中多樣化的價值觀、審美觀不僅使處於青春期中的那顆心靈難以把握，就是成年人也在不斷地修正已有的理想和觀念。代溝與青春期的心理騷動在所難免。然而，如何使青春期危機減少到最小程度，薩摩亞人的教育方式仍給我們許多有益的啟迪。

　　薩摩亞人的教育方式稱得上是一種「自然式的牛痘」。從青春期向成年過渡，生活方式與人生觀必然會發生許多劇烈的變化，如果事先能種下「牛痘」，免疫功能將大大增強。在現代人那裡，成年社會與青少年社會截然分開，所給予的教育僅僅是成年人一部分的生活準則和經驗，沒有機會和場合讓他們了解真正的人生。由於不曾種下牛痘，他們或者容易為種種不現實的觀念左右，或者容易沉湎於幻想之中，或者對人生充滿神祕感和恐懼感，或者又對人生盲目樂觀。這更加劇了青春期的衝突與危險。薩摩亞人過早地讓青少年擔負起社會責任，將人生所有的神祕袒露無遺，連兒童也不例外，人生應有的快樂、艱辛、成功、挫折早早地就讓青春期中的孩子體驗到了，這樣，面臨真正的人生危機時就變得從容不迫、游刃有餘。這不正是自然式的牛痘嗎？讓孩子盡早地接觸人生，向孩子廣泛地開放人生，青春期就有「驚」而無「險」了。

在群體中度過一生

　　太平洋島民一生都融化在群體之中，這些群體既有自然的

組織，如基本的血緣組織——氏族、家族，以及以血緣關係為背景的部落、村社；也有人為的組織，如前文中提及的那種依據相對年齡來劃分的群體，每一個人都必須至少依附於其中一個群體。人生就是從一個群體過渡到另一個群體的過程，生活的全部內容可以概括為群體成員之間以及群體與群體之間的相互交往。

群居是人類的特性，現代人同樣離不開群體，而且群體組織形式越來越發達，除家庭、社區外，還有學校、工廠、商店、軍隊、政府部門等等具有嚴密組織的社會群體，以及協會、俱樂部、旅遊團等等非正式的社會群體。人無法離開群體而生存，魯賓遜是不現實的。魯賓遜的故事告訴現代人，人類必須依賴相互間勞動成果的交換而存在。隨著分工越來越細，現代社會作為功能交換的體系越來越發達。個人對群體的依賴雖然如舊，但個人對群體的選擇性卻越來越強；通過對群體的選擇和確定，個人不斷發掘自己的潛力，發揮自己的才能。

然而，在太平洋島民那裡，群體雖然也是功能交換的場所，但它更是情感交換的場所。人們對於群體，想到的不是加以選擇，而是自然從屬；它是心靈的靠山、人生的依託。

以薩摩亞人為例，薩摩亞人世世代代生活在同一片天空下，同一塊島嶼上，村寨裡的居民或多或少、或遠或近，相互之間有著親屬關係，它構成了薩摩亞人最基本的群體，也是一生不變的群體。除此之外，薩摩亞人依據年齡、性別、等級等自然差異，又構築了一系列群體，縱向地把人的整個一生包羅其中。

出生不久的孩子自然是跟著母親生活。稍長之後，便由他（她）那些十歲左右的哥哥、姐姐看護。這些照看弟妹的兒童雖然沒有特定的組織，但過的是真正的群體生活。男孩子可能在

八、九歲以前還需要看護弟妹，十歲以後，就從中解脫了，人們會允許他們參加一些有趣而重要的活動。例如，用套索捕捉海中的鮫鰻，必是有人拿著誘餌，有人拿著套索，有人負責裝運，男孩子們在半是遊戲、半是勞動中，結成了相互合作的團體。相對而言，女孩子照看弟妹的時間更長，公共生活中提供給她們相互合作的機會也相對較少，但她們總是一群一群的，一邊帶孩子，一邊遊戲、唱歌，相互學習編織等各種技能。

男孩子到了十七、八歲，經過一些簡單的儀式，即可加入奧瑪伽（Aumaga）。這是由小伙子和那些年齡稍大但仍未取得頭銜的成年男子組成的團體。人們將奧瑪伽稱之為「村莊的中堅」。在這一群體中，「他必須與他人競相抗爭，接受戒律和榜樣的示範。負責監督奧瑪伽行動的那些年長的酋長們嚴厲地注視著每一個人，既防止任何形式的止步不前，也防止出現不應有的早慧早熟。」「在集體行動中，如果有哪一位缺席、不積極，甚至於做出破壞的舉動，那不但會遭到同伴的奚落、譴責，還會對他施以體罰。」❻

奧瑪伽的成員白天在一起勞動，勞動之前或之後則在一起聚餐。晚上又相聚在皎潔的月光下縱情歌舞。大多數年輕男子都不回自己家睡，而是和好朋友住在一起。

奧瑪伽不僅是青年男子一起勞動與娛樂的團體，他們還在這裡學習如何當眾講演，如何在公共場合顯得莊重得體，如何斟、飲卡瓦酒，如何籌劃、執行集體事務。

每一位奧瑪伽的成員，都希望有朝一日能夠榮膺「瑪泰」的頭銜，這樣他就能晉升到另外一個群體——福努會，和酋長一起喝酒、和頭人們一起議事。福努會的成員雖然並不排除年

---

❻　〔美〕瑪格麗特·米德；《薩摩亞人的成年》。

輕人，但大多數是中年或老年人，他們是每個家族的代表，因為這類頭銜每個家族都配有幾個；或者就是在某一項職業上非常出色的人，如一位木匠、一名漁夫、一個伶牙俐齒的演說者，或者是一位在木板上雕花的工匠。薩摩亞人的每一個男子都有可能成為福努會成員。當他年老體衰時，他的銜位有可能被取消，但不會再回到奧瑪伽中去，這使他仍然能和先前的朋友相聚一處，共飲卡瓦酒。

女性同樣也有自己的組織，那就是「奧拉魯瑪」和女性福努會。「當一個姑娘達到一定的年齡時（儘管各村之間的具體規定有所不同，但一般都為青春期後的兩、三年左右），她所在戶的『瑪泰』會將一份食品作為禮物，送給本村的『陶泊』，這等於說他希望自己戶中的這位姑娘能夠從此成為『陶泊』屬下的年輕姑娘群體中的一員，即成為『奧拉魯瑪』的一名成員。」❼奧拉魯瑪由年輕姑娘和那些沒有頭銜的男人的妻子們組成。她們不像奧瑪伽的成員那樣具有經常性的合作項目，其主要任務是在瑪泰的妻子們聚會時充任禮儀上的助手，或在公共場合為陶泊提供各種服務。

女性福努會由瑪泰的妻子們組成。它同樣是為陶泊提供服務的，只不過這種服務更為高級一些。例如，用棕櫚葉為客人的房屋紮屋頂，從外面取來珊瑚石鋪地，編織精美的草蓆為陶泊準備嫁妝，或者參加各種禮儀性活動以歡迎外來賓客。

就這樣，薩摩亞人不論男女，只要成年之後，每個人都被網羅進一個群體中，不會有一個人被遺漏。群體使每個人都明確無誤地知道自己的職責，群體也為每個人提供人生演變的軌跡；群體教給了每個人團體精神，也使個人的榮譽與群體的命

---

❼ 〔美〕瑪格麗特・米德；《薩摩亞人的成年》。

運緊密相連。

　　類似的群體在薩摩亞島之外廣泛存在。例如，男子會所就是同類性質的群體，會所內的成員依據年齡及才能又被分成若干小的等級，各有不同的職責分工。群體成員終其一生，在哪個階段應做什麼事，都預先得到安排。

　　現代人的一生同樣在群體中度過，但現代人選擇群體，而不是被群體選擇。太平洋島民把一生都交給了群體，故而成員對群體的熱愛，群體對成員的關懷都是現代人無法想像的。太平洋島嶼上很少有以職業為分工的群體。群體內部分工雖然不同，但彼此相互依存，緊密合作。功能性的交換雖然存在，但並不是唯一的和第一位的。他們之間的交換是互惠性的交換：即不光有物品的互易，更有感情的溝通；不光是勞動的團體，更是藉以獲取人生快樂的場所。這種群體教會了每個人將感情而非利益的交往放在首位。

　　在太平洋島民的群體中，老年人的地位和威望容易得到保障，他們顯然不會感受到現代社會常見的那種被社會拋棄和被家庭疏遠的痛苦，從而使人的一生更加圓滿，群體的存在與生命相始終。群體內部感情的頻繁交流，使個體的精神不會因此孤獨、無助、無法理解和空虛、痛苦，它也使個體不至於因過分注重自己的利益而走上犯罪之路。從某種意義上講，太平洋島民比現代人更能體味到生命的快樂與滿足。

死亡，生命的逗號

　　生物學上，死亡是生命周期最終的結束。但在許多社會

中，死亡並沒有使死者從此離開人類舞台，而只是讓他們換了一個新的角色。因此，一個民族的社會成員並不僅僅包括那些可聞其聲、見其面的活人，還包括那些無時不在、無處不在的靈魂，活著的人需要經常與他們進行溝通和交流。因而，生命是一個無窮盡的循環往復，死亡，只是生命的逗號。

葬儀，能顯著地反映一種文化的基本特徵。無論是民族還是島嶼都不可勝數的太平洋地區，葬式極為豐富，如土葬、火葬、水葬、樹葬、穴葬、製作木乃伊等等，世界其他地區的葬式在這裡基本上都能看到。但其中最主要的有兩種，即水葬與土葬。

水葬，亦即海葬，流行於太平洋島嶼的任何一個地區。將死者直接拋入海中，我本海上來，又回海上去，對太平洋島民而言極其自然。在波利尼西亞人的觀念中，「故鄉」和「陰曹」兩個概念是混在一起的，都用同一個詞「夏威克」來表示。在薩摩亞，人們先將死者置於船上，再放入海中。據說，這種葬儀是產生於海上大遷移時代的一種習俗，好像讓死者回到自己的故鄉。在新愛爾蘭島區域，海葬被認為比土葬光榮，有的地方甚至是首領的特權。在新赫布里底群島，人們將屍體的腳綁上石頭，拋入海中。在俾斯麥群島，屍體被置於船上，然後放船出海，但最終要讓船沉入大海。菲律賓的巴扎人以海為家，他們一生都在海上度過，死後，就將遺體放在木筏上，然後讓木筏漂向沒有風暴、沒有烈日的大海。

這種將大海作為最終歸宿的觀念甚至影響到土葬；即埋葬時，先將屍體置於船中，然後再下葬。這在新愛爾蘭、新不列顛、新赫布里底、班克斯和新喀里多尼亞十分多見。印度尼西亞尼亞斯島上的居民相信其祖先坐船自海上來，那麼「最後的旅行」也必須坐船而去。尼亞斯以石雕藝術聞名於世，他們就

將棺材雕成船形，墓地前再放一塊巨石。由於這一風俗流傳久遠，以至於這個小島上的巨石也即將耗盡用竭了。

不論採用何種葬儀，生者都確信死者是以另一種方式在延續著生命。因而，葬儀或是送死者去他們該去的地方，如靈魂集居的海上島嶼，或是確立一種陰陽溝通的方式。例如，「在阿德米勒爾蒂群島的馬努斯部落中，要將屍體放在屋裡，讓它腐爛；然後將遺骨洗淨，一部分埋入地下；其餘的盛於木器中，蓋上香草，保存在死者住過的茅屋裡。死者的肋骨被分給死者的親人，作為飾物帶在身邊；死者的姊妹則用他的牙齒穿成項鍊，戴於頸上。這種葬法的每一階段都要舉行儀式，請客吃飯等等。」❽

這種被稱為二次葬的習俗存在於許多地區，只不過不像馬努斯人那樣先將屍體置於室內，而是放在室外，或者先下葬，過一段時間後再取出。據研究者認為，在初葬時，活著的親屬只是通過一個儀式，讓死者從現世中退隱下來。當淨化了的骨殖再葬或作為裝飾品時，即表示死者的靈魂已送入來世，守喪的人則恢復正常的社會生活。對死者的這種處理，和成年禮一樣，是由生到死進行角色轉換時的一種過渡禮儀，這樣就可以避免將死亡視為生命的終結。第二次葬禮使活人重返世俗，而將靈魂送入新的世界。

這種生命以另一種形式繼續存在的信仰，使活著的太平洋島民對死者既十分恐懼，竭力迴避，又格外依戀，通過形式多樣的手段以保持頻繁的聯繫。

新幾內亞島上的阿斯瑪特人，當丈夫死後，妻子要做悲痛

---

❽ 〔蘇〕C・A・托卡列夫、C、II・托爾斯托夫主編：《澳大利亞利大洋洲各族人民》。

欲絕狀，她們在爛泥裡打滾、大哭大叫，用匕首扎地。但這樣做的目的並不主要是表示悲痛，而是為了讓鬼魂聞不見她們的氣味。在巴布亞人那裡，如果死者是男人，要砍掉一個姑娘（或其某一位女性親屬）左手的半個指頭；據說，這樣做才能保証死者的靈魂不作祟。因此，村中總有許多婦女的左手缺一個或幾個手指頭。這表現的就是對死者靈魂的恐懼與避忌，但這些避忌看起來大多是女性針對男性的。

力圖將死者永遠保存在自己身邊，以繼續以往共同的生活，這一點最明顯地反映在將死者埋葬於屋內或屋旁的習俗上。這一特別的葬法廣泛流行於美拉尼西亞全境。不過，在有些地方，會將死者埋於室內後，而全家搬出此屋，遷居別處。而有的地方，活人只能與死人居住在一起；也許這樣交流起來更為方便吧！

以前，新幾內亞島上的高地人多將屍體塗上紅土，煙火薰烤以後製成木乃伊，找一塊地方安置起來。他們認為死者洞察世間的一切，所以常去那裡報告村裡發生的事情或讓死者看看新生的嬰兒。後來，因覺得木乃伊不乾淨，而改為土葬，但仍想方設法保障生死世界之間橋樑的暢通。他們讓死者取坐姿下葬，而且在棺材周圍打一些洞，以便於死者呼吸暢通。

新赫布里底群島上的小南巴人並不是像這樣直接和亡靈交流，而是建立了一套繁瑣的儀式。人死之後，先將屍體用樹葉覆蓋，置放於村莊舉行儀式的場地附近的一座靈台上，等到一年之後，再舉行葬禮。

舉行正式葬禮時，先將死者的頭顱從骨架上摘下，裝到一個竹架上；然後用淡紅色的黏土和菜筋糊在頭骨上，使之與死者面貌相似。頭顱之下，再用傳統方式做一個身體，塗上線條和圓圈，以代表死者生前的社會地位。

接下來，要跳十個晚上的舞。次日即是葬禮的精彩尾聲。先是一陣陣尖銳的竹笛聲飄過場地；隨著笛聲越來越響，有個黑東西從遠處叢林裡出來，轉個身又進去了。過一會兒再出來，離人群更近。這就是所謂的「魔鬼」。他赤著雙足，穿著一堆薰黑的桫欏葉編成的衣服，將薰黑《編成蓆狀的蜘蛛網罩在頭上。桫欏葉衣服裡伸出一根根棍子，每根棍子都綁著一片椰子肉。部落裡的人要在典禮中吃掉這些椰子肉，這樣，就可以同鬼神接上頭了。

　　隨後，又出來三名同樣的「魔鬼」，以及身體被繪成一半紅一半白的小丑。小丑用長棍子擊打觀眾的背脊。只有這樣，魔鬼才不會從此傷害他們。

　　小南巴人的葬儀將島民對「另一個世界的人」那種既恐懼又依戀的心情活生生地表達了出來。對永生的信仰，使生命變得恆久而神祕，使死亡成為生命的另一種體驗。

　　死亡，只是生命的逗號──這可以說是太平洋島民共同的生死觀。

Chapter 6
人鬼之情

神靈控制的世界

太平洋島嶼充滿精靈，無論是天上還是地下，無論是陸地還是水中，精靈無處不在。這些精靈無孔不入地影響著人間凡事，島民對他們既充滿敬畏或恐懼，又竭力希望利用他們，人神之間交織著複雜的關係和特殊的感情。

在太平洋島民所信奉的超自然力量中，以靈魂最為普遍。靈魂可分為三大類，即活人的靈魂、死人的精靈和自然物的精靈。美拉尼西亞人認為，靈魂附著在人體之內，當人睡眠或患病時，靈魂會暫時離開身體；當人死去後，靈魂就馬上脫身了。人健康與否，取決於靈魂安定與否。例如，當人昏迷時，雖然生命還在，但靈魂其實已不在了。靈魂是人最容易遭受危害的地方，它往往成為巫師攻擊的對象。

靈魂每一個活著的人都有「馬那」（mana）即神奇的力量，卻不是每個活人都可能擁有的。在第二章中，曾引述過一場塔希提島民與歐洲人之間的戰爭，島民為歐洲人的槍炮懾服

後，迅速明白過來，歐洲人擁有一種他們尚未見過的「馬那」，因而不得不臣服。在整個美拉尼西亞和波利尼西亞地區，馬那是一個相當流行的觀念；它被認為是一種看不見，通過正常途徑無法獲取的神聖力量。「通過馬那，人們可以控制和駕馭自然力量；可以呼風喚雨，可以使陽光出現、風平浪靜；可以使人得病，又可以給人治病；可以預知未來和遠方發生的事；可以給人帶來幸福和成功，或者給人帶來損害和毀滅。」「任何顯著的成就，都足以証明這個人有馬那；他的影響就在於人們的印象中都認為他有馬那；正由於馬那，他才成為首領……一個人如果在搏鬥中打勝了，這並不由於他的手臂有力、眼神敏捷或平日的訓練所致，而是因為他從某個精靈或某個死去的戰士那裡得到了馬那，是馬那通過護身符或石頭給了他強大的力量。如果某個人的豬繁殖很快，莊稼長得很好，這並不是因為他的勤奮和他對自己財產的關懷，而是由於他擁有一些可以幫助豬和番薯生長的馬那石頭……如果沒有馬那附體，船就不會航行很快，網就不會捕到很多的魚，箭就不會致人於死。」❶

馬那有些像中國人概念中的神助。它無所不能，滲透於一切領域；但它是不具形狀，虛無飄渺的，只有附著於某個人或物體（多為石頭）上才能發揮出神奇的作用。所以馬那並不是人人擁有，也不是一旦擁有，永不失去。一個人只要擁有了馬那，他就會自然成為富有的人、貴族或首領。當然事實上是，一個人首先成為強者，然後再解釋說，這是因為擁有了馬那；一個人一旦成為弱者，便自然解釋為馬那從他的身上消失了。

---

❶ 〔蘇〕C・A・托卡列夫、C・II・托爾斯托夫主編：《澳大利亞和大洋洲各族人民》。

毛利人的首領如果做了俘虜，他就失掉了馬那。

　　以超自然方式影響島民生活的力量除了馬那之外，還有死人的精靈。只不過馬那給人以積極的力量，而來自精靈的影響則既有利也有害。美拉尼西亞人認為，精靈有強大與弱小之分，也有善惡之別。那些在世慷慨、富有、有權位、有馬那的人，死後精靈的威懾力也強大，會受到更多人的敬畏，得到更多的供奉，以祈求給予現世的人以積極的力量。在佛羅里達島，傑出的精靈享有人們的崇敬，而其他精靈很快就被人遺忘。人們特別崇敬的是稱之為「克拉莫」的戰士精靈，因為它能幫人打仗。每個戰士都要有自己個人的克拉莫。如果沒有克拉莫在，即使打死了敵人，也是很危險的，因為死者的精靈會趕來復仇，只有自己的克拉莫釋放馬那才能驅趕它。如果一個人得不到一個強有力的克拉莫，甚至要花錢買它。

　　普通人的精靈雖然得不到重視，但它作為精靈，就會釋放可怕的力量。所羅門群島上的普通居民死後被拋入海中，他們的靈魂成為海上精靈，其形象十分可怖：整個身體就是一條大魚的形狀，手腳等部位是各種形狀的小魚，頭部的那條魚張著大嘴，露出一口鋒利的牙齒，尾巴處伸出一根半月形的尖銳魚骨。據說這種海上精靈常常向航海的人「射擊」，所以它的形象往往被畫在薄板上，人們供奉祭品，以平息它的憤怒。

　　班克斯群島上的居民認為人死後會變成「塔馬特」，就是精靈之意。在五～九天裡，塔馬特在房屋和墳墓附近徘徊，以後便進入地下世界「帕諾伊」。各個島上都有許多火山通道通向那裡。「帕諾伊」是個安樂的地方，但只有生前有著良好品行，才能到達那裡。至於殺人犯、小偷、造謠說謊者則不能進入帕諾伊，因為受過他們危害之人的精靈不讓他們進去，他們只能在地上流浪，過著淒慘的生活。

在美拉尼西亞人那裡，自然物據稱也是有精靈的，稱為「烏伊」。烏伊通常和某一個地點相聯繫，例如，在某一處聖地，以及有懸崖凸出怪石的地方。烏伊會給人帶來危害，劫走人的靈魂。但烏伊不是一種確定無疑的神力，有時，究竟是烏伊在起作用，還是死人的精靈在起作用，美拉尼西亞人自己也搞不清。

美拉尼西亞人的生活裡充斥著飄忽不定的精靈，但很少有神。而在波利尼西亞人那裡，不僅有神，而且有大神。這反映出波利尼西亞人的宗教意識已發展到較高水平，但一個統一的神尚未出現。波利尼西亞最流行的四大神是「塔涅」、「圖」、「朗戈」和「坦加羅亞」。塔涅是太陽神，同時也是男性的化象、生殖神和創造神；圖是戰爭神；朗戈是雨神、土地神、豐收神；坦加羅亞的解釋有很多差異，薩摩亞人認為它是土地和人類的創造者，東加人認為它是手工藝者的保護神，馬克薩斯島民認為它是海洋和魚類的神靈。這些神都是有形象的。例如，在曼加列瓦群島的神話中，坦加羅亞和朗戈是一對雙胞胎，他們的父親「法蒂亞」，其形象一半是魚，一半是人，從中間垂直分開，右半邊是魚，左半邊是人，一隻眼睛是魚眼，一隻眼睛是人眼，右邊腰問是魚鰭，左邊肩上是人臂。

這些神的出現，使波利尼西亞人對一些人類最根本的問題有了完美的解釋。例如，人與太陽、人類創世、人類繁殖、人與海洋、作物生長以及人類戰爭等等。人類不再被形形色色的精靈隨意控制，而是通過神，確立了一個完整的宇宙秩序。

看來，太平洋島嶼是一片完全被神靈控制的區域，島民如果沒有馬那，沒有精靈幫助，不敬畏諸神，勢必寸步難行。但與其說是神靈控制著世界，倒不如說是人控制著神靈。一種不

可見的存在物或一種超自然的力量對於太平洋島民而言是不可缺少的，它能夠圓滿地解脫人的困境。

首先是關於存在的問題。世界是怎樣產生的？人類和自然物究竟是怎樣的一種關係？人死後的世界是什麼樣的？這是任何一個社會都極為關心的大事，太平洋島民也在孜孜不倦地尋求答案，他們創造出的一系列神怪與幽靈就是解答。其次是尋求幫助。人類總有自己的弱點，有焦慮、有危機，也有悲劇，神靈的存在使人不再感到孤獨和無助，它撫慰了島民脆弱的心靈，使他們在這個充滿未知和神祕的世界上能夠樂觀地活下去。還有一件非常重要的事就是通過神靈，對現存的社會秩序加以確認。

政治家尋求馬那以獲取權位，又通過馬那的魔力，讓普通人對他產生敬畏。神靈對社會道德的確立也起到不可估量的作用。班克斯島民有關靈魂能否進入帕諾伊的觀念其實與佛教善惡因果之說完全相似。總之，神靈的存在強化了社會準則的遵守，並為人類行為提供了依據和意義。神靈世界無異是人類世界的翻版，人類讓他們在另一個世界繼續為人類提供服務。

太平洋島嶼成了神靈大顯身手的天地。基督教傳入之前，這裡並未出現過統一的宗教，但那麼多的神靈反而給島民創造了豐富的生活和無限的活力。

祖先崇拜

祖先崇拜是死者精靈崇拜中的一種。與那種對精靈一概加以供奉的崇拜不同，祖先崇拜優先供奉一部分祖先，尤其是那些生前對社會事務曾經產生過一定影響的人物，如家族的族

長、氏族的酋長。祖先崇拜者相信，這些生前的傑出人物，死後仍將有效地控制塵世的凡人，甚至於能夠支配天氣與收成。

　　祖先崇拜主要流行於美拉尼西亞地區。美拉尼西亞由北向南，社會發展的水平越來越高，社會形態也由母系氏族制逐漸向父系氏族制過渡。父系社會重視財產與政治地位的繼承關係，因而祖先是誰、祖先的影響力有多大，對活著的人而言極為重要。

　　所羅門群島的奎歐人相信，在他們的世界裡住著祖靈阿達羅（Adalo）。阿達羅是看不見而且無所不在的，就跟風一樣。它們通過事件，間接與活人互相溝通，通過祭司，直接與活人相互作用。

　　每位成年男女死後都會轉化為阿達羅。祖靈阿達羅分為大小兩類。人在一生中所認識的那些親人的靈魂，如父母輩和祖父母輩的靈魂是小阿達羅。大祖靈則是那些歷經世代而變得重要的祖靈，通常比現在活著的最年長的人高出六代以上。小祖靈只是使者，在活人與大祖靈之間擔任交通。那些成為大祖靈的人一定生前是位要人，每個群體都有這樣幾位強有力的祖先。在祭祀時，祭司念出一連串以往祭司的名字，也念出記憶中還記得住的男性祖先的名字，然後，將作為犧牲的豬供奉給祖先們。奎歐人相信這些豬會由大祖靈、即「大鬼」再分配給其他的「小鬼」。

　　奎歐人認為祖靈只關心自己的子孫，而活人也只關心自己的祖先。因而，那些有地位、有影響力的大鬼必將給自己的子孫以強有力的保護，而那些身分普通的鬼靈則很難使自己的子孫過得更好一些。有一點是相同的：子孫們若養豬來獻祭祖先，並遵照正式的祭祀程序，祖先會將神力附加到活人身上；如果不滿意他們的行徑，就會使他們得病或死亡。

通過幾位最有力的遠祖的相互關係，可以將大多數奎歐人聯合在一起。「同地區內多達五〇％到七〇％的奎歐人都可以上溯到一位共同的祖先；這就使得關係淡薄的個人之間和群體之間有個遠親關係可以攀。」[2]因此遠祖在接受祭祀時可以得到不止一份的供奉，而同一個人也可以獻祭許多位祖先，經由父方與母方，分別與他們發生關係。親屬關係在太平洋島民那裡是最基本的。如果一位祖先在許多地域都得以顯靈並接受崇拜，那麼他的子孫們無異都擁有或遠或近的親緣關係。

祖先崇拜在中國也極為發達，它的社會作用是完全相同的：一則，使在世者因祖靈的保佑而謀取相應的社會地位；二則，通過祖先崇拜，使不同地區的不同人群產生同宗共聚的親密意識，有利於政治上的團結和穩定。

祖先的安置在美拉尼西亞人那裡主要採用兩種方式：一種有如中國，製作牌位；另一種則是頭骨的儲藏和排列。美拉尼西亞人製作的牌位上面並不是文字，而直接就是人像。在新愛爾蘭、新赫布里底，都曾經有過這種風俗。然而，最風行的還是頭骨的收藏，人們專門留那些有名的喚雨巫師的頭骨，將它保存在神聖的叢林之中，在舉行巫術儀式時用來求雨或止雨。在阿德米勒爾蒂群島，人們將剛死去的家長的頭骨供放在一個小廟裡。但如果在這個家神庇護下，新家長又遭死亡，人們就會責怪這位家神的疏忽，不再崇拜它，將其直接拋入海中。然後，將新死之家長的頭骨又供奉起來。

所羅門群島居民用一間專門的神屋將自己的男女祖先的頭顱供放進去，層層疊疊，蔚為壯觀。新赫布里底人直接在祖先的大木雕像上安置頭顱，存放在男子會所內，祖先崇拜是會所

---

[2] 〔美〕R・M・基辛：《文化・社會・個人》。

內的男子們從事的一項祕密的重要活動。新喀里多尼亞也一樣，人們將祖先的頭骨保存在特別的地方，加以裝飾，常常向頭骨祈禱。頭骨，在美拉尼西亞人中的地位和影響，就如同信佛之人供奉的菩薩一樣。應該說，頭骨更可親可近一些，它就是自己的親人，心靈的溝通更為便捷吧！

圖騰崇拜

所謂圖騰崇拜，是這樣一種信仰，即確信人與自然物（多為動、植物）之間存在著超自然的神祕親屬關係。在整個太平洋區域，這種崇拜在澳大利亞土著那裡最為發達，美拉尼西亞地區也有一定的傳播，波利尼西亞、密克羅尼西亞以及新幾內亞則較少看到。

澳大利亞土著的社會形態是典型的氏族部落制，即每個部落都可劃分為（或曾經分為）十～三十個氏族。一個氏族就是一個圖騰集團，即每個氏族都用一種動、植物的名稱來加以命名。例如，袋鼠、青蛙、甲蟲、雨、雷等等。每個氏族都認定自己同它所取名的那個圖騰有著親屬關係。

作為圖騰的動、植物及自然物，幾乎包羅了土著所能看到的所有自然存在，其中以動物在數量上占了優勢。動物之中又以鳥類圖騰最為常見；據稱，在大部分地區，鳥類圖騰幾乎占了所有圖騰總數的三〇～四〇％。渡鳥、楔尾鷹、各種鸚鵡、鴨子以及鶴鶴等鳥類被用作圖騰最多。

陸上動物中，通常以袋鼠為圖騰，負鼠和狼犬次之。兩棲類中，各類蛇和蜥蜴頗受喜愛。在那些半沙漠草原地區，各種昆蟲，如青蟲及其幼蟲、小蜥蜴、青蛙往往被作為圖騰；以各

· 各種圖騰圖案

類可食的植物種籽命名的圖騰也很多見。海濱地帶則以魚和水生動物作為圖騰。除了動、植物之外，圖騰物有時也可以是無機界的物體、礦物、工具和其他人造的物品，以及天文現象；但這種情況少見得多。

　　圖騰的名稱是按母系或者父系代代相傳的，如果有新的氏族分裂出來，則取新的名稱。圖騰也分層次，部落有部落的圖騰、氏族有氏族的圖騰。在有些地區，甚至男、女各有自己的圖騰；在庫爾奈部落和維多利亞的一些部落中，戴菊鳥是男子的圖騰、藍戴菊鳥是女子的圖騰；在維多利亞西南部，蝙蝠是男性的圖騰、歐夜鷹是女生的圖騰。男、女兩性的圖騰與集團的圖騰並不衝突，兩者可以並行存在。

有趣的是，個人也可以擁有自己的圖騰。個人把自己的圖騰就視作是自己，兩者之間存在特殊的情感。如果圖騰是一種蜥蜴，他會對別人說：「我就是蜥蜴，蜥蜴就是我。」

　　就像中國文人名字之外還有字號一樣，澳大利亞土著除了圖騰之外，還有亞圖騰，即補充圖騰，它從屬於基本圖騰，數量無限，種類也無限，把世間萬物包括進去都可以。

　　至於圖騰是如何選擇的？為什麼選擇袋鼠而不是青蛙？土著說不出個所以然。通常的回答是：我們的父親是這樣說的。現代人當然無法理解這些奇異的親屬關係，但可以肯定，在最初選擇圖騰時，這兩者之間必定存在著關係。土著確認這種關係是神祕的和為我獨有的，它雖然是想像出來的，但卻不是任意的。這些神祕的關係以及選擇的依據，也許只為部落、氏族中的少數人所知，如巫師之類的人物。如果巫師的神祕思想沒有遺傳下去的話，後人就只知其然，而不知其所以然了。

　　從現代人的排比、分析來看，圖騰的選擇有兩點共性，即：（一）周圍環境中最為常見的物種；（二）大多為有用的、對人無害的不危險物種。

　　本世紀以來，有關圖騰崇拜的研究極為熱烈，產生了無數種解釋。按照著名人類學家列維·斯特勞斯的說法，原始人以他們所能看到、聽到、嘗到、嗅到、感覺到的一切為基礎來給他們的經驗分類。在原始人眼中，社會體系與自然體系是同構的，兩者之間存在著結構上的對應關係。圖騰崇拜並不要求熊部落的人像熊、鷹部落的人像鷹，而是表明，熊部落和鷹部落的不同正像熊與鷹的不同一樣。熊和鷹可以從許多方面加以區別：低／高、慢／快、友善／凶惡等等，如果部落之間也存在這樣的區別，那麼他們就是熊與鷹的區別了。

　　列維·斯特勞斯的解釋對印第安人的圖騰崇拜而言，也許

有一定的說服力；對澳大利亞土著多得不可勝數，在使用上卻又雜亂無章的圖騰崇拜而言，卻很難做出有效的說明。

在澳大利亞土著看來，圖騰不是偶像，說不上對其崇拜或神化，它就是我的「祖先」、「父親」、「兄長」、「姐妹」、「朋友」，甚至於是「我的肉」、「我的生命」。當歐洲人給一位阿蘭達部落袋鼠集團的人拍了照，並給他看照片時，那位土著講，照片裡顯現的就是袋鼠形象。當某一圖騰最初被確立下來以後，使用者不斷在感情上加以認同，到後來，便進入了物我難分的神祕境界。

土著通過一系列的禁忌和儀式來強化這種感情。最通常的就是禁止殺死自己的圖騰並把它作為食物，除非迫不得已。因為獵食圖騰等於是在割食自己的肉體，精神上將忍受無限的痛苦。在澳大利亞各地區，圖騰禁忌的程度是有差別的。大多數情況下是不准殺死圖騰，不在特殊的場合不許吃圖騰；在有些地區，捕殺不受指責，但自己不吃它；在另一些地區，自己不殺它，但如果別的氏族殺了它則可以一起吃它。總的來說，外氏族的人因捕食本氏族圖騰而遭報復的事並不多見，不像印第安人的圖騰禁忌那樣嚴格。按照弗雷澤的解釋，澳大利亞土著實施一種關於圖騰的「巫術合作制」，即某一種植物因得到某部落、某氏族的保護而空前繁衍，有助於其他部落、氏族的取食；在總體上，自然生物得到一種消費的平衡。所以圖騰崇拜其實是為其他集團服務的，呈現出集體互助的原則。也許這不無道理。

由圖騰崇拜衍化而出的圖騰神話在澳大利亞土著的觀念系統中有著重要地位。

阿蘭達人相信，圖騰祖先到處流浪，在石塊上、樹木上、水池中留下小孩的胚胎——「拉塔帕」。如果已嫁的年輕女人

接近或經過這些地方，那麼拉塔帕就可能進入她的體內，使之懷孕。人死之後，他的靈魂又回到拉塔帕所曾停留過的地點，在那裡等待再次投生；由此得到永遠循環的投胎。

為了迎接圖騰祖先的拉塔帕，阿蘭達人還專門製作了一種叫作丘林噶（Churinga）的圖騰聖物，它通常是八、十五釐米或更長一些的橢圓石片、木塊，上面裝飾著由同心圓、半圓、螺旋紋、平行線和點組成的圖畫，用以象徵圖騰祖先以及他們的故事。拉塔帕就灑落在丘林噶上。平時，部落的男子們將它收藏在一處神聖的地方，嚴禁外人、未成年者及婦女看到它。婦女是在不知不覺中被某一塊丘林噶施加魔力的。即便男子觀看，也有隆重的圖騰儀式，如在成年禮上，將丘林噶恭敬地取出，仔細撫摸，再用赭石著色。當孩子出生時，父親從儲藏丘林噶的聖處取一塊出來，認定它與兒女有了終身的祕密關係。

幾乎每一個圖騰集團都有自己的圖騰中心，它往往設置在具有特殊地形的地方，那裡被認為是圖騰祖先遺下的拉塔帕棲身之所，或者祕密儲藏著丘林噶。那些複雜奇妙的圖騰儀式就在圖騰中心舉行，其目的：（一）是為了促使圖騰動、植物的繁殖，（二）是為了表演有關圖騰祖先的神話。

除了生存手段，澳大利亞土著幾乎將所有的智慧都用在圖騰崇拜上。其實，圖騰崇拜也是為了生存服務的——為了更長遠的生存利益。

不管對圖騰崇拜做何評價，土著有關圖騰的驚人想像力令人驚嘆！他們憑空幻想出了一整套極為複雜的神祕境界，創造出了一系列禮節和儀式，這本身就是智慧的體現。

他們並不把自己看作是世界的主宰，而僅僅是其中的一部分，希望在人與動植物及其他自然存在之間建立起血緣般的關係。他們相信，只有這樣才能在世界萬物中獲得自身生存的權

利。這種思想，從人與自然總體和長遠的關係來看，其實是有益的。

巫術

　　生息在這世界上的絕大多數人類都曾經相信或仍然相信巫術這種神奇的手段。所謂巫術，其實就是人類企圖控制各種事件之間因果關係的舉動。它是一種決定論或者說宿命論，其存在或盛行基於一種信念之上，即：「宇宙中一切事物的發生都並非偶然。」如果一個人碰到一條蛇，被蛇咬死了，究竟是什麼因素使得他和那條蛇在那個時間、那個地點碰到一起？為什麼有的人被咬後沒有死，而有的人卻死了？相信巫術的人確信這其中必有道理，只有用決定論的思維方式才能加以解釋。

　　神的精靈作為超自然力量，可以對人的命運起到決定性的作用，但它卻是人所無法控制的，人只有對其加以崇拜、供奉，才能得到庇護而不受加害。巫術則不同，它是人力對超自然力量的操縱。既然事物的發展有著必然的因果關係，那麼只要設法控制因果關係，事物就可以朝著期待的方向發展。

　　對巫術崇信遍及太平洋島嶼每一個角落，巫術儀式在這裡空前發達。例如，前文所描述的那塊澳大利亞土著阿蘭達人的聖物，上面遺留著祖先胚胎的石片或木塊——丘林噶，就能發散出巫術的力量。

　　人們靠它來幫助圖騰動物加速繁殖，或使之長得肥壯。土著相信它具有治病的能力，病人有時從石頭的丘林噶上刮下少許粉末，把它放入水中作為藥劑。在戰鬥中，如果身上帶著丘林噶，那麼它會帶給戰士以無窮的勇氣和力量；但如果被敵人

知道帶有丘林噶，持有者又會迅速意志消沉而打敗仗。

　　和世界上其他相信巫術的民族一樣，島民的巫術邏輯是通過「傳染」傳播法力。就如感冒病菌可以導致感冒一樣，巫師們製造出種種媒體，將魔力神奇地釋放出去。這些媒體也許是一縷頭髮、一點指甲、一些樹葉；丘林噶也是媒體。媒體可以是自然物，也可以是人工物體。在巫術動作及咒語的作用下，它喚發出神奇力量，向著目標物穿插過去。馬林諾夫斯基說，在太平洋島民的巫術儀式中，咒語最為重要。通過低吟自語或放聲叫唱，咒語被施加到、固定到媒體上，媒體就會激活，可以發出魔力；巫術動作只起到輔助性作用。

　　巫術被作用於生活的各個方面。尤其是那些偶然性大、缺乏自信、無法用人力操縱的場合，巫術大顯身手。例如，健康與疾病、生與死、兩性關係、戰爭、作物生長等等領域。特羅布里恩德島上，巫術施用於薯擴的栽種，但在香蕉、椰子、芒果和麵包樹的栽培方面卻用不上，因為這些作物常常能得到穩定的收穫。當島民外出捕魚時，唯有捕捉鯊魚的場合需要巫術。另外，造船需要巫術，而且是多道巫術儀式；在硬木上進行雕刻時也需要巫術。或許是這些場合存在著偶然與僥倖，或許是這些場合將預示著未知和期望。總之，在那些沒有風險，存在著必然的地方，找不到巫術。

　　太平洋島民施用的巫術可歸結為以下幾種。
1. 致害巫術——這是運用最廣，影響最大的一種巫術。例如，在美拉尼西亞人看來，人絕不會自然地生病死亡，一定是遭到敵方的致害巫術。致害巫術的媒介是那些被詛咒者接觸過的東西。例如，毛髮、指甲、糞便、唾液、剩飯、破衣，甚至於足跡。巫師們把它拿

來，同某種巫術物（如枸醬、石灰、死人碎骨等等）混在一起，淹入水中，或用火燒，或任其腐爛，讓被詛咒者也遭受同樣的命運。

有些巫術預先製作一種「法器」，例如，在一個空竹筒裡放進一些植物葉子、人骨等等有巫術魔力的東西，念上咒語。當看到想詛咒的人時，將法器對準他，被詛咒者必將難逃毀滅的命運；或者是將法器埋在被詛咒者必經的路上，被詛咒者一旦經過，就會被魔力縛住而得病或死亡。

因此，可以毫不誇張地講，太平洋島民由於處在致害巫術的威脅之下，過著一種戰戰兢兢的生活。他們絕對相信巫術所能產生的力量。「在夏威夷，謹慎的人小心地在私下裡吐痰或大便，把諸如剪下的指甲或穿壞的衣服等這些個人的痕跡隱藏起來，以免黑衣術士利用這些東西把災難引向它們以前的主人身上。」[3]

2. 致愛巫術——愛情讓人無法捉摸，必須借助於巫術征服意中人的心。

在美拉尼西亞蘇爾卡人中，「最簡單的方法就是將念過咒的椰子悄悄地讓他思戀的姑娘吃掉。比較複雜的方法是：用念過咒的菸葉做成菸卷，交給姑娘的親人讓姑娘去抽，然後把剩下的菸頭分成兩半，一半放到螞蟻窩裡，一半丟到火中燒掉。這樣，姑娘就會對施行巫術的男子發生熾烈的愛情。」[4]

---

[3] 〔美〕蒂莫西・塞弗林：《消亡中的原始人》。

[4] 〔蘇〕C・A・托卡列夫、C・H・托爾斯托夫主編：《澳大利亞和大洋洲各族人民》。

3. 醫療巫術——巫術可以使人致病，也可以將病魔從體內挖出來。塔斯馬尼亞的巫醫給人治病的常用辦法是：在病痛處按摩，接著念咒，以一種假想動作從身上取出病骨或病石，或者是將死人骨頭貼在病痛處，同時用死人骨頭上割下的粉末與浸泡骨頭的水，讓病人服用。讓病人服用咒水，是大多數太平洋島民接受的醫療巫術。

4. 軍事巫術——戰爭的形勢最為撲朔迷離，出征前有必要卜算一下，或搞一場巫術儀式以增添信心與勇氣。在阿德米勒爾蒂群島，軍事首領「拿一片枸醬葉，捲成一捲，咬下一塊，與檳榔一同放到嘴裡咀嚼；然後，將唾液吐入剩下的枸醬葉捲之中，再把葉捲展開；根據唾液流過的路線來決定是否開戰。如果唾液從葉子的正中流過，戰爭馬上就可以開始；如果流向右邊，也是良好的象徵，不過，不宜馬上開戰，需要稍微等一等；如果流向左邊，那就表示不宜出征。另外一種方法，是捏一撮石灰放入鼻中，如果感到要打噴嚏，馬上開戰；否則，就停止出征。」❺

5. 經濟巫術——即通過巫術左右作物的收成、漁獵的成敗。如前文中已描述的那樣，美拉尼西亞人喜歡在薯蕷地裡置放一些帶有馬那的的石頭，相信它能促進生長，保障豐收。諸如此類的方式花樣繁多，使用廣泛。

6. 呼風喚雨術——天氣是人力無法控制的，但天氣對人

---

❺ 〔蘇〕C·A·托卡列夫、C·II·托爾斯托夫主編：《澳大利亞和大洋洲各族人民》。

生活上的影響卻太重大了。島民只能依賴巫術左右天氣變化。要使太陽出來，就拿一塊施過咒的圓石，纏上紅繩，插上羽毛，如光芒四射一般，口中咒語念念不斷。要使天上下雨，「便拿一把樹葉子放在石頭縫裡，上面蓋上一層揉碎了的胡椒屬植物的嫩枝，壓上一塊可以喚雨的巫術石頭，同時念咒。然後，再在上面蓋上某種東西，使之發酵，便有一股巫術氣體隨同馬那一起升騰天空，形成烏雲，轉化為雨。」❻

除了道具有別、咒語各異外，從形式、內容到社會作用，巫術在太平洋島民那裡的運用與其他民族大同小異，但他們施用的範圍更廣，崇信的程度更甚。在世界巫術文化中，太平洋島民的巫術稱得上典型之一了。在我們看來毫不相干的事物之間，島民一廂情願地連接起因果關係。所有的信仰體系都既能解釋成功也能解釋失敗，所以我們不必擔心，巫術一旦失敗了，是否還能被人相信。在太平洋島民的文化體系中，巫術思維得到充分的發揮。

記得有一位人類學家說，西方科學的進步並不是因為能解釋更多的事物，而只是因為能夠更系統地解釋更有限的事物。在不同的文化背景下，科學和巫術作為人類智慧，得到了或深入或廣泛地闡述。

---

❻ 〔蘇〕C・A・托卡列夫、C・II・托爾斯托夫主編：《澳大利亞和大洋洲各族人民》。

禁忌

　　從字面意義上看，禁忌即禁止、忌諱做某些事，或者說迴避某些人與事。作為一種民俗，現代社會中仍留存著大量禁忌。例如，中東一些國家的人忌用左手把東西遞給客人，因為他們認為左手是不乾淨的。在印度尼西亞的中爪哇等地方，晚上出門忌吹口哨，當地人相信口哨會把鬼神招來，造成不幸。日本人忌諱收到倒貼郵票的來信，特別是在戀愛時；如接到這種信，便預示著與對方絕交。

　　那麼，不吃不潔的食物、不說髒話，以及種種社會法規是不是也可以稱作禁忌呢？那又是兩回事。

　　美國人類學家博厄斯曾對禁忌做過這樣的論述：「引起調查者注意的一個原始生活特徵是精神行為中的一些直接聯想。這些聯想在我們看來是前後完全無關的。在原始生活中，宗教與科學、音樂、詩歌、舞蹈、神話和歷史、時尚和倫理錯綜複雜地交織在一起。也可以說，原始人不光認為他採取的每一行為是為了適應其主要針對物，他的每一思想不光像我們所認為的那樣與其主要目的相關，他還把它們與其他觀念——經常是宗教或至少是象徵性觀念——聯繫起來。這樣，他賦予它們的意義就比我們認為應該賦予的更高。原始人的每一種禁忌都是這樣聯想的例証。它把表面看起來微不足道的行為與神聖的觀念聯繫起來。」❼

　　因而禁忌所表達的關係必然是神聖的、絕對的，有許多在我們看來是非因果關係的，或誇大因果關係的、不可思議的。

　　太平洋島民的生活裡充滿了各種各樣神聖的禁忌，前文已

---

❼　〔美〕弗蘭茲・博厄斯：《原始人的心智》。

有多處涉及。例如，圖騰禁忌，澳大利亞土著嚴格禁止捕殺自己的圖騰，並促使其繁衍。像是亂倫禁忌，美拉尼西亞的一些地區，對成年後的男子與其母親、姐妹之間交往所做的限制極為苛刻。在野外，兄弟姐妹不期而遇時，男方必須立即跑開或躲起來。男子若在路上認出他姐妹的足印，他便不再順那條路走。當母親要送食物給她的兒子時，她只把東西放在地上，等他來拿；和兒子說話時，也不再表現出所謂母子親情，而使用對待外人般的禮節。還有岳母迴避，也是十分離奇的。在所羅門群島，男人婚後絕不和丈母娘交談，偶然相遇時裝作互不相識，拔腿就跑。在有的島嶼上，島民堅信，女婿看丈母娘都是不規矩的，哪怕只看一眼，頭髮也會立即變白。

對死者的禁忌更是千奇百怪。毛利人視接觸棺木為極端不潔，甚至在葬禮中都不能接觸。一旦某個人未能倖免，那麼，所有的人都將拒絕與他往來；不但不准他進任何房間，而且禁止他接觸任何物體，甚至不讓他以手取食。他只能坐下或蹲下，將手反背，用嘴去舔食食物，或被人餵食，就像對待麻瘋病人一樣；整個過程保持在嚴密的不接觸狀態下，但餵食者本人還是會遭到他人的歧視。

凡此種種，都是將極為平常的生活事件同極為神聖的某種觀念串聯起來，希望通過不做或迴避某些人與事來達到一個對生命而言極為嚴肅，不可怠慢的目的。

太平洋島民廣泛地將禁忌運用於政治領域，即通過禁忌，實施政治統治，將禁忌轉化為社會法規。由於禁忌本身具有神聖性和絕對性，因而它較其他社會規則更具威力，也更容易得到自發的遵守。禁忌被當作社會控制的手段，在其他民族中雖然也能看到，但充分發展為「禁忌政治」，恐怕只在一些太平洋島嶼上存在。

英語的「禁忌」一詞，讀為塔布（Kaboo），它來源於波利尼西亞語卡普（Kapu）。所謂卡普，是一套精心編訂出來的迴避法規。波利尼西亞人將現世的一切事物都分成兩類，即神聖的和普通的。凡是神聖的人或物就必然具有馬那，因而也是被禁忌的，需要時時將它和普通的人或物區別開來。毋庸置疑，首領和貴族具有馬那，但偏偏馬那又是可以傳染的，可以通過接觸而轉移。對於普通百姓而言，從首領傳染到一點點馬那，非但沒有什麼好處，反而極為危險。因為馬那的擁有者不希望馬那外溢，為外人所有。於是，卡普——禁忌產生了。對於首領而言，它是保護措施，防止馬那的流失；對於百姓而言，則是迴避措施，竭力不要沾染上那些無用而危險的馬那。毛利人甚至認為，在與首領接觸時，甚至言行失當，也會損害他的馬那，使他丟失一部分權勢和力量。

　　地位越高，自然馬那的儲藏量也越大。那些馬那儲有量過於豐富的人，就像一根高負荷的電線，任何一個過分接近的人都有被電擊的危險。「在夏威夷人中，最高級的貴族世系、即尼奧皮歐充實的馬那太大了，唯恐破壞島上正常的經濟生活，以致只有在天黑後方能在島上到處走動。塔布提國王波馬雷一世……由特設的侍從背著，免得因雙腳著地而丟下對於平民來說既是犯忌而又無用的馬那……只要與國王和王后有絲毫聯繫的每一件事物——他們穿的衣服，他們住的房子，他們出海乘坐的獨木舟，他們在陸上旅行時背他們的人，都變得神聖了，甚至構成他們名字的語音也不能再適合原來的含義了……每一個竟然比他們站得高或者把手從他們頂上移過的人，都理應喪命來為他們這種褻瀆神聖的行為做出報償。」[8]

---

❽　〔美〕蒂莫西・塞弗林：《消亡中的原始人》。

如前所言，同一禁忌既是針對普通人，也是針對馬那擁有者本身。毛利人崇拜的首領通

過禁忌，與普通人拉開了極大的距離。首領不但不親自做飯，甚至還不能用手接觸食物，必須由他的妻子或奴隸餵他，把食物送到他的口中。毛利人的祭司如果坐到婦女住的地方，就會使他自己的馬那喪失一部分。其他波利尼西亞的首領也一樣，為了保有高貴的馬那，為此要失去很多的自由。

禁忌被當作政治手段來運用，不僅僅是利用禁忌維護其現存的地位和威望，還有更重要的一點是，當權者可以隨意把任何一物劃作是「禁忌」，使普通人不得染指。這樣，財產就輕易地得以保護與擴大。有趣的是，禁忌不是一成不變的，在毛利人那裡，新的首領上台之後，他可以對那些曾經列為禁物的東西加以開禁，而對新的物品重新宣布禁忌，於是，這些東西對於原先占有它的首領來說，也是受禁忌的。

對禁忌的隨意創設以及對禁忌的虔誠遵守，構成了太平洋島嶼「禁忌政治」的特色。利用禁忌的神聖和威力來為政治服務，使政治的實施變得省力而有效。一位毛利族的婦女在吃完某種水果之後，才被告以這種水果來自於某個被禁忌的地方，這說明她已褻瀆了國王的神聖。這件事情發生在下午，第二天中午，人們發現她已恐懼而死。類似這些在我們看來荒謬的事例不可勝數。它說明，禁忌絕非一般的迴避或約束，破壞禁忌等於破壞宇宙天地間的法則。儘管禁忌的每一件事是那樣細小，但一旦和神聖相連，其影響就難以估量。「禁忌政治」表面上約束的是行動，而實際上約束的是心靈。

二元構造的世界神話體系

　　一般說來，科學文明水平相對原始、落後的民族，神話往往極其發達。在太平洋島嶼上居住的眾多民族，分別創造了形形色色、難以數計的神話故事。他們用神話解釋人的由來、事物的起源，給各種現存的社會關係提供存在的依據。

　　神話作為文化最重要的標誌之一，倍受人類學家重視。透過構築神話的思維結構和想像力，可以判斷文化的發達程度與智慧水平。

　　著名的英國人類學家馬林諾夫斯基曾對特羅布里恩德人的神話有過詳盡的記錄，在這些紮實可信的材料基礎上，許多人類學家做出了更深入的研究。通過剖析特羅布里恩德人的創世神話，人類學家指出，存在於其中的智慧原型，亦即基本結構是二元構造論。特羅布里恩德文化在太平洋島嶼文化中既不是最落後，也不算是最發達。馬林諾夫斯基等人類學家對其又做出過遠較其他島嶼豐富得多的研究。如果通過神話，把握太平洋島民的深層智慧，除了特羅布里恩德神話外，也許沒有更好的範例了。

　　每個特羅布里恩德氏族的成員對於那個「洞」——他們的女祖先和她的兄弟經過這個洞從地底下冒出來——的歷史都很清楚，都能詳細地講出來。在地球上有生命之前，人們在地底下過著像他們現在在地面上所過的生活。直到有一天，一對兄妹相隨，帶著聖物和知識、技巧、手藝，帶著區別這群和那群的巫術，從地底升起，建立了地面上的第一個氏族。在此，之所以不存在丈夫，因為丈夫在現實生活中從屬於其他氏族，他同妻子的氏族沒有血緣關係而只是姻親關係。妻子的子女留在氏族之內，而丈夫的子女是他的姊妹所生的子女。

　　這對兄妹祖先所有已死去的後代的靈魂仍然是這一氏族的

成員。這些死靈雖然身為巴洛馬（Baloma），即靈魂，並居住於一個叫作杜馬（Tuma）的死亡之國，但這些靈魂仍常常回到氏族。一年一度的米拉馬拉宴（Milamala），就是為歡迎祖靈回訪而設置的祭儀。

嬰兒的誕生並非父母性交的結晶，孩子的「血統」來自母親和她的兄弟姊妹，更具體地說，是祖靈的投胎轉世。投胎之後，巴洛馬期也就結束了。要問孩子的長相為何像父親，那是因為父親和母親一再性交，結果「鑄造」出了孩子的樣子。

這就是特羅布里恩德創世神話的基本內容，從這些基本內容中已可做出二元排列——

上：下
靈魂：活人
不可見的：可見的

由此還可以做出進一步的對比——

黑暗：光明
死：生

如果二元結構到此為止就結束了，那未免過分簡單，而且無獨特之智慧可言。事實上，特羅布里恩德創世神話極為複雜，其中有關中介狀態及兩極調和的說法最為有趣。

特羅布里恩德人認為：人類在做夢或幻覺中與靈魂溝通，那條先祖從地下爬出的洞就是溝通上下的通道。靈魂從死亡之島——杜馬——越海而來時是化作爬蟲類的，而且會蛻皮。據說人類生存於地下時，永遠不會死。人上了年紀後，只是蛻掉

舊皮，換上新皮。但自從升上地表之後，一件小小的意外使他們失去長生不死的可能，同鳥、蝙蝠、昆蟲一樣，雖然屬於上物，但會死。從地洞鑽出來的蛇、螃蟹、蜥蜴等雖是下物，卻因能蛻皮，而長生不死，且能成為上下界的媒介，處於一種中介狀態。惡靈一旦現形，就是蛇、蜥等形狀。

上述那些對立物以及日／月、男／女、低／高、姻親關係／血統關係等等自然的、社會的對立因素並不是絕對對立，它在被運用的過程中，可以相互調和。這在一年之中慶典的高潮——米拉馬拉中，體現得最為充分。

表面上看，米拉馬拉只是收穫之後的慶典，這期間有舞蹈、宴會、儀式性訪問、交換食物、寶物以及頻繁的性活動等。主要的作物——薯蕷收穫之後，先用來做送禮性的交換、展覽，然後儀式性地收藏於倉庫中。然後便是豐年祭，首次引出鼓樂和舞蹈。

米拉馬拉是慶典活動之一，它在某一個月的前半月開始，到滿月時結束。「節目隨著月亮的變圓而變得越來越密集，跳舞一直跳到天亮，少女或青年有組織地到鄰村去享受性方面的慷慨招待。甚至還有全村人共同組織起來，到鄰村去，伴隨著政治活動、虛張的威脅，並進行禮儀用寶物交換。」❾

人類學者認為，在這些活動中，有許多古怪的象徵，它表現出兩極現象融合及顛倒的情境；男和女、靈魂和活人、邊緣與中心、下和上都合併或顛倒了。

兩極顛倒的領域主要是在兩性關係和人鬼關係上。它有以下幾個方面的表現：（一）節制性性關係和不受節制的性關係。婚前性行為在特羅布里恩德人是極為頻繁的，但那卻是個

---

❾ 〔美〕R・M・基辛：《文化・社會・個人》。

人的、家內的、節制的。米拉馬拉期間則變成集體的、無節制的，從村落周緣轉移到村落中央。在村落間的性拜訪中，婚前性行為得到公共的承認和讚許。（二）在村落中央舉行的舞蹈是二元融合的標誌。男男女女圍鼓而舞，「一只鼓象徵男性，一只鼓象徵女性。米拉馬拉期間，白天，男性穿上節慶用的服飾，強調他們的男子氣概，然後在晚上脫下來；而在某些舞蹈中，男性舞者穿上婦女的草裙。煮熟的食物是婦女的領域或家庭領域的象徵，有禁忌，不准拿到中央廣場；但在米拉馬拉期間，煮熟的食物卻可以在那兒擺出來分配。」❿（三）米拉馬拉期間要迎接祖靈巴洛馬返回村落。「象徵性顛倒的要素精彩地出現在為高階層巴洛馬準備的高台——把它們放在上位而不是下位。⓫巴洛馬作為祖靈，它應該處於下界，屬於陰，而人處於上界，屬於陽。這時卻被顛倒了過來。

米拉馬拉在月圓時結束，巴洛馬被人用儀式送返他們的靈魂之家。而那些兩極顛倒、轉移則在月圓時達到高潮。米拉馬拉是一個臨界線，當達到這個臨界點時，兩極的顛倒和調和就達到了頂點。

這樣看來，作為特羅布里恩德人基本思維的二元構造論，並不單純地死守於固定的排列中，它們可以被運用、被轉化、被融合，有些類似中國人那種動態的陰陽觀。米拉馬拉其實是一個文化體系，一種將兩極對立和轉化加以實現的儀式。它表演的也許就是宇宙的再生。

有關上下物之間媒介的神話闡述也頗為有趣，蛇、螃蟹、

❿　〔美〕R・M・基辛：《文化・社會・個人》。
⓫　〔美〕R・M・基辛：《文化・社會・個人》。

蜥蜴等動物既可蛻皮，又能不死，這樣就使得生死陰陽兩界存在著中介狀態，使兩界的溝通轉化成為可能。這些思維都具有辯証的色彩，因而可以說，太平洋島民的神話裡確實有智慧蘊含在裡面。

Chapter 7
文化的象徵

歌舞人生（之一）

除了迷人的海島風光，太平洋島嶼還以歌舞聞名於世。草裙舞幾乎成了太平洋島嶼文化的代名詞，我們大多數人都曾在電影、電視，甚至於在舞台上直接觀賞過這種熱烈、奔放、歡快、動人的舞蹈。伴隨著動聽的鼓樂，一群熱情、健美的姑娘身穿用樹葉、青草編成的草裙，頸上戴著美麗的花環，手腕上、腳上繫著小花舞動起來，草裙颯颯、舞姿翩翩，歌舞所展現的青春活力與藍天大海所展現的清純光明交相輝映，把太平洋島民快樂、純真、熱情的天性一覽無餘地表達了出來。

草裙舞其實只是一個總稱，從美拉尼西亞到波利尼西亞，無論女子還是男子，在正式的舞蹈場合都會換上美麗的草裙翩翩起舞。我們所觀賞到的大多只是著名的夏威夷女子草裙舞。太平洋島民熱愛歌舞，能歌善舞，生活中離不開歌舞，男女老幼都擅長舞蹈。因而草裙舞不僅僅是女子的舞蹈，它應該涵蓋多種多樣的表演形式和風格。

當然，也有不著草裙的舞蹈，如新幾內亞人、美拉尼西亞部分民族及澳大利亞土著，他們在參加重大的舞會之前，必先盛妝打扮自己。盛妝包括給自己身上畫上各種各樣的紋飾，或者穿戴起千奇百怪的服飾；面具是絕不可缺少的；因而那些舞會稱得上是最正宗的假面舞會。

　　一八八三年，英國皇家地理學會一位做環球遊覽的會員曾這樣描述新不列顛島上的「托伯蘭」舞：「我們看見，某種動物從四面八方的灌木叢中慢慢爬了出來。他們看上去確實很像『托伯蘭』（Toberran）這個詞所指的那種魔鬼。他們有的人戴著用切成兩半的頭骨製作的面具，上面還填了樹膠以表示這是個人臉。戴面具的方法是在頭骨上嘴巴的背面扎上一根棒，佩戴者便用牙齒咬住這根棒；他們頭上戴著椰子殼纖維做成的黑色長假髮，身上披著枯葉。有的人不戴面具，臉上塗著神祕的綠色，肩膀上紮著一種翅膀（後來我湊近些觀察，才發現那翅膀實際上是釘牢在脖子旁鬆弛的皮膚上）。」❶

　　澳大利亞人跳圖騰舞時，必先用彩土、羽毛、樹葉等材料把自己也打扮成圖騰的模樣。這些裝飾以及他們表現圖騰時惟妙惟肖的舞蹈構成了土著文化中最精彩的一章。當然，跳草裙舞的人也不排斥其他妝飾；尤其是年輕人，他們會不停地更換自己的鮮花、貝殼項圈，各種手飾、腳飾妝扮自己，或者把椰油塗在身上，以竭力吸引他人的注意。

　　島民的舞蹈絕大多數是集體舞。幾乎每個人都是舞蹈家，舞蹈成為男女老幼唯一共同參加的活動。在薩摩亞，只要有樂師彈起樂器，不管相識還是不相識，大家都會圍成一圈歡樂起舞。舞蹈成為僅次於語言，被所有人共同接受的感情交流工

---

❶　〔美〕蒂莫西·塞弗林：《消亡中的原始人》。

· 草裙舞

具，而且它幾乎可以表達所有的感情。人們為喜而舞，為愛而舞，為哀而舞，為恨而舞。

太平洋島民的舞蹈不像非洲人的舞蹈節奏強烈，也不像歐洲人那樣男女舞伴攜手共舞，而講究腹部、臀部和手臂的擺動以及種種面部動作。例如，毛利人的女子舞蹈以手的抖動來表現複雜的事物和感情，向上抖表示天堂，向下抖表示草地。男子舞蹈以吐舌頭、瞪眼睛、扮鬼臉表現英俊勇武。

有趣的是，無論是美拉尼西亞還是波利尼西亞，如果是正式的舞蹈場合，很少有男女集體參與的舞蹈。美拉尼西亞男子在專門的廣場上跳舞，女子不能進去，但可以觀看。女子可在其他場地跳自己的舞蹈。參加舞蹈的人排成一列或二列縱隊，原地用腳前後有節奏地跳著，兩手和身體相應地做出動作。舞蹈的規模有

時可達數百人以上，幾百隻腿同時敲打著地面，發出顫抖而低沉的聲音。由於經常一起跳舞，參加者在節奏和動作上可以達到驚人的一致；如果是數百人一同起舞，場面十分壯觀動人。

毛利人的男子舞蹈叫「哈卡」（等於是戰舞），以表現戰爭中的勇士著稱。舞蹈者站成幾排，隨著歌聲，動作一致地彎動身體與手臂，格外協調。他們臉上貼著模仿古人紋面的花紋，上身赤裸，下身穿黑、黃兩色相間的草裙。有時還手執兵器，刀劍相擊，同時高聲呼喊，整個舞蹈威武雄壯。女子舞蹈稱作「波依」，風格柔美舒緩，婀娜多姿。

太平洋島民的舞蹈中，所謂摹仿舞極為多見。例如，出征舞，舞蹈者直接手執長矛等武器表現戰鬥的場面。划船舞則摹仿在船上眾人操槳，共同前行的種種姿態。最典型的摹仿舞就是圖騰舞了。澳大利亞土著能用舞蹈精確地表現鴕鳥、袋鼠、田蛙的動作，特別擅長於用腕部來象徵動物的頸部。這些舞蹈大多表現的是狩獵的場面，例如「袋鼠舞」：表演者化粧成袋鼠的形狀，在自己的身後用草做一根長尾巴，惟妙惟肖地摹仿袋鼠的姿態和習慣；另外兩個人裝成獵人，悄悄地走近袋鼠，用矛去刺他們。

正式的舞蹈場合畢竟不多，島民一生中所參與的絕大多數是非正式的舞會。同種種生存的手段一樣，舞蹈是每一位島民都必須熟練掌握的技能，不然就會遭到眾人的鄙視。由於舞蹈的交誼功能，學習舞蹈的過程其實也是一個人走向社會，學會表現自己、學會與他人相處的過程。

在薩摩亞人那裡，孩子們可以自由參加非正式的舞會，沒有正式的老師專門教他們，大人也不會事先告訴孩子在舞會上該怎樣行事。「在這樣的舞會上，母親懷抱中尚未學會走路的孩子也學著用手打起拍子。如此，這種節拍從兒童們的孩提之

時起，便在他們的生活中打下了難以磨滅的烙印。兩、三歲的孩子會站在草席上，和著大人們的歌聲拍著手掌。再往後，大人們便會叫他們站在人群前打拍子。」[2]孩子稍大一點，就可以加入跳舞者的行列。對此，大人非但不加阻擋，還會給以鼓勵，對他們的每一點進步，都加以肯定和激勵，這樣孩子們便跳得更好。大人也不硬性規定孩子應該怎樣跳，孩子完全可以依據自己的天性隨意發揮，「沒有哪個孩子承認模仿別人，也確實沒有哪個孩子有意識地模仿過別人。」[3]

對舞蹈的熱愛與重視，使得那些有生理缺陷的的人非但不會在舞場上受到冷落，反而通過舞蹈彌補了缺陷，以其標新立異的舞姿贏得眾人的稱讚。「我曾見一個背駝得厲害的男孩子模仿海龜，他的表演十分逼真。另一個和他一起跳舞的男孩子騎在他的背上，和他配合得很好……而顛狂的拉斯得了狂想症，認為自己是本島的大酋長，如果誰用對大酋長的虔誠口吻和他說話，能使他興奮得難以自己，舞跳得更加瘋狂。有一個村裡的大酋長的弟弟是個啞巴，他跳舞時一面迅速旋轉，一面發出聾啞人特有的顎音做伴奏。」[4]

可見對於太平洋島民而言，舞蹈對一個人的成長起著不可估量的作用。在這種可以自由抒發個性的環境下，它有效地沖淡了兒童們在通常狀態下由於接受嚴格支配而產生的消極情結。其實成人也是如此，每個人可以盡情地跳，以自我為中心，它有利於激勵每個人採取積極的姿態，而不自我約束。同時，舞蹈也降低了孩子們對羞怯的敏感性：在全村男女老幼都

---

❷ 〔美〕瑪格麗特・米德：《薩摩亞人的成年》。
❸ 〔美〕瑪格麗特・米德：《薩摩亞人的成年》。
❹ 〔美〕瑪格麗特・米德：《薩摩亞人的成年》。

· 歌舞人生

集中在一起的舞會上，如果能夠大出風頭，受到眾人的關注，那麼他們在其他場合也會充滿自信，而不自卑自怯。

歌舞人生（之二）

　　歌舞在太平洋島嶼上之所以會那樣發達，在於它具有多種多樣的社會功能，通過其社會功能所要實現的目標則和每一位島民都具有密切關係。而在現代社會中，這些社會功能絕大部分都喪失了。歌舞僅僅剩下它的藝術性和娛樂性、交際性。藝術性使它成為一種技能，可以為少數人擁有，為多數人觀賞；娛樂性、交際性則使它成為多種娛樂交際手段中的一種，不是每個人都必須掌握或需求的。

　　如前所述，歌舞在太平洋島民那裡，幾乎是僅次於語言的信息交流工具。許多特殊的場合，島民不用語言，或者說不方

便用語言彼此交流、或同神靈交流。於是，歌舞大顯身手。這些歌舞有時具有確切的含義，有時又是模糊不清的，將多種社會功能交織在一起。

首先，歌舞具有宗教意義，沒有歌舞，太平洋島民幾乎無法進行祭祀活動。這在前文中已有許多描繪了。塔斯馬尼亞島民懼怕黑夜精靈或在黑夜中遊蕩的精靈；同時，他們也崇拜月亮。於是，每逢月夜，他們都要舉行舞蹈。於月光皎潔之夜舉行舞蹈，在太平洋島嶼上似乎極為普遍。上一章所描繪的特羅布里恩德人神聖的慶典──米拉馬拉中，舞蹈要跳半個月；它同兩性交媾、迎送祖靈等神聖主題都有著關係。

澳大利亞土著的圖騰儀式及包括在圖騰儀式中的成年禮幾乎完全通過歌舞來表達，這些歌舞至少要連續表演五～十個晚上。歌舞的含義十分明確，表現人與圖騰之間的血緣關係及圖騰創世神話。對於那些氏族成員來說，表演這些歌舞既非娛樂，也非為了展現什麼藝術，它是生命中的一件大事，是同獵取食物同樣重大的事情。美拉尼西亞南巴人與鬼魂建立靈交的儀式上，要連續跳十個晚上的舞蹈。它無疑是一種鋪墊、一種心理準備、一種竭力向鬼神世界靠攏的姿態。

新幾內亞吉米人的舞蹈中潛藏著許多深邃難解的謎。有一種由婦女、武士和兒童圍成一個大型旋舞圈的舞蹈叫「讓瓦拉」（Raunwara）。其舞蹈旋轉方式，與當地人經常塗飾、刺在武士盾牌上及武士身上的圖案相仿。讓瓦拉意為「河中的的漩渦」或「靜水深塘」，指的是他們信仰的人類祖先，開初曾居住於山頂湖泊。這個舞蹈具有神話意義，象徵著生育繁衍和大自然自發地創造生命的能力。

新不列顛島「托伯蘭」舞意在表現鬼靈的可怕；也許這是世界上最為傳神的「死亡舞」了。「當這些不可思議的形象從

各個方向的灌木叢裡爬出來時，有的帶著尾巴，有的帶著全部倒伏在背上的尖刺。但不管他們身體的姿態如何，卻所有人都步調一致，十分合拍。突然，單調的敲打聲停止了，全體托伯蘭舞舞蹈者發出一聲可怕的呼叫，衝向這片開闊地的中央：然後樂聲重新開始敲響，他們就地開始跳一種無論如何都描寫不清楚的舞蹈：腦袋在那兒，手臂在這兒，腿在一邊，臀部則在另一邊，然而都十分協調；因為要是有一隻臂膀在這邊，那麼就有一條腿相應地在另一邊。尖叫聲和呼喊聲變得更響了，歌唱變成了號叫；他們跳著舞，火點燃了，騰起了熊熊火焰……到處都是魔鬼的臉和沒有牙齒的骷髏，他們的頭頂上似乎全是塗著血的手臂，下面的腿則顯然處在壞死的最後階段。透過扶疏的樹葉，空中灑下忽明忽暗的月光；與此同時，巨大的火堆這裡燃了那裡滅，交替不息，投下的奇怪陰影叫人看了，在想像中，覺得甚至比可怕的實物還要令人毛骨悚然。」❺

新不列顛島的島民也許不知道什麼是藝術，但他們的舞蹈具有強烈的藝術感染力，把鬼靈這種人類想像出來的東西生動真實地塑造了出來。當觀眾相信鬼靈的存在時，也同時產生了對鬼靈的恐懼和崇拜，這才是托伯蘭舞的真實含義。

凡是有舞蹈存在的地方，幾乎都用它來表現戰爭。出征之前，用舞蹈激揚鬥志和勇氣；凱旋之後，則舉辦盛大的歌舞典禮。這在前文中已有多處描述了。其實舞蹈對於戰爭最大的作用是召喚盟友。新幾內亞策姆巴加馬林人（Tsembaga Maring）在發動戰爭之前，會一次又一次地宴請鄰近友善的群體，每次都舉行舞會，並分配食物。這些舞蹈把可能的盟友結成了戰鬥團體，「馬林人說，凡是會來參加跳舞的人，也就會

---

❺ 〔美〕蒂莫西·塞弗林：《消亡中的原始人》。

來協助作戰。做主人的群體和可能的敵人雙方面都會以來參加舞會的人數作為衡量下一次作戰時會來協助的可能戰鬥力的根據。」❻如此而言，舞蹈就具有和戰鬥同樣重要的意義了。

　　舞蹈可以煽動情感，具有求愛功能。新幾內亞吉米人在舉行婚禮的那個晚上徹夜歌舞，內容多半是表現生育繁衍的。許多舞蹈動作，直接模仿兩性關係。太平洋島民的許多舞蹈含有性的意義，挑逗人的性慾，等於是交媾前的預備活動。波利尼西亞人視戀愛為遊戲，他們充分利用性感的舞蹈激發彼此的情感。一位作者曾描繪一個世紀前在群島上居住的馬克薩斯人所跳的感情熾烈的舞蹈。他記述道：「那裡的婦女只在腰上纏著或肩上披著一小片布，隨著節奏的逐級加強，這又輕又薄的裝飾早就拋到九霄雲外去了。」他還提到：「那裡的男子跳舞時完全赤身裸體，暴露出用鬱金粉染成金黃顏色的軀體。」❼

　　薩摩亞人無論是豪華宴上的正式舞會，還是其他場合的非正式舞會，都通宵達旦地舉行。過了午夜，舞蹈往往變得狂放不羈。似乎通過舞蹈的引發，人類的原始激情就自然而然地迸發出來。

　　舞蹈具有交誼的功能，這是不言而喻的。有趣的是，在澳大利亞土著那裡，借助於舞蹈不僅可以交流人與人之間的感情，甚至舞蹈本身也可以被貿易，從一個部落轉移到另一個部落。澳大利亞土著的科羅博里舞也像飛去來器、盾牌與紅赭石一樣，構成了法定習慣的交換對象。每支科羅博里舞像財產一樣有它的歸屬。當它轉讓給其他集團或個人時，通常還要收取一定的補償。為舞蹈伴奏的歌曲及歌詞也一起轉讓。新的主人

---

❻　〔美〕R・M，基辛：《文化・社會・個人》。
❼　〔美〕約瑟夫・布雷多克：《婚床》。

· 舞蹈交誼

雖然並不懂得這些歌詞，但也能夠完整流暢地背誦下來。

　　科羅博里舞的交流在土著那裡十分盛行，可以流傳到它的主人根本不可能到達的地方；它成為文化的使者，成為澳大利亞土著共同擁有的文化象徵。

　　舞蹈，還有許許多多的功能。例如，所屬民族的象徵，所屬身分、地位的象徵，以及男女關係的調諧，不同等級之間人際關係的調諧，等等，這些在太平洋島民那裡都被充分運用。而我們身處的社會，舞蹈那些特有的功能和作用實在是利用得太少了。

紋身

　　絕大部分太平洋島嶼地處熱帶，島民所穿甚少，身體的大

部分裸露在外，為最大限度地紋身提供條件。紋身是島民「自我表現」的重要手段，它不光具有裝飾意義，而且還具有文化上、宗教上的實際象徵意義。

太平洋島民喜愛紋身。在波利尼西亞地區，無論男女，人人紋身。由於備受重視，從事紋身的工匠甚至形成了一個特殊的等級。紋身手術往往持續數月。在此期間，被紋身者不停地舉行祝宴，款待賓客，用豬、席子等禮物贈送給紋身的工匠。可見，對島民而言，紋身是一件人生的大事。

除了眼睛、被頭髮覆蓋的頭部等部位外，人體的任何一個部位都可以紋身。當然，在什麼部位紋身、身體的多大面積可以被紋身是有講究的。紋身的工具是用石製、木製或骨製的梳狀小齒刀或槳形的小木槌。據說人骨是製造齒刀的上好材料。工匠照例先在人體上畫好線條，然後把小齒刀放在線條上，用小槌敲擊刀背，把線條下的皮膚一點點戳穿。待皮膚出血後，往傷口塗上顏料。顏色多是藍色的。等傷口癒合後，染料就被「吃」進去了。

紋身時，必須忍受極大的痛苦，特別是在嘴唇、眼瞼、鼻子等部位刺繪的時候。紋身手術還常常引起皮膚發炎，為此奪去被紋者生命的事並非罕見。薩摩亞人「用木槌把被殺敵人的骨盆做成的一種梳子似的工具在全身上下敲擊，然後用燒焦了的椰子仁灰揉進皮膚裡去，就這樣進行紋身。有時由此引起的大面積炎症，在燒就肚臍周圍的紋身圖案的痛苦煎熬結束以前，就奪去了紋身者的生命。」[8]所以，想遍體紋身的話，一般常常要花數十年的功夫，同時又因為在大片皮膚上紋身也是極危險的。

---

[8]　〔美〕愛德華・威爾：《當代原始民族》。

島民如此奮不顧身地紋身，並在紋身技藝上充分展現他們的聰明才智，說明紋身絕非可有可無的裝飾，而有著重大的社會價值。

　　首先，紋身是成年的標誌，是成年禮的一項重要活動。從身體上有無刺紋，即可判斷一個人成年與否。刺繪的部位一般是臉部以下，經腰、腹部到膝蓋或腳踝。波利尼西亞的女孩子成年後，可以在身體下部紋身，標誌著已達到成熟的的年齡，可以追情逐愛了。澳大利亞土著和美拉尼西亞人不像波利尼西亞人那樣在身體上精細地刺繪出花紋來，他們用貝殼或石刀割破皮膚，在傷口上塗灰，癒合後便一塊塊凸起。這些一組組、一行行的花紋有的用來標誌成年，有的則是部落的標誌，或是作為某人結婚及人生重要階段的標誌。波利尼西亞人除了那些

· 紋身男子

固定的紋身外，為了參加各類儀式或節日，也常常臨時紋身。

同世界上其他許多愛好紋身的民族一樣，島民廣泛地採用紋身來標誌等級、身分和地位。一般地位越高，紋身的面積越大，紋飾也越精美。

密克羅尼西亞加羅林群島上，非自由人只能在手、腳刺上簡單的線條，貴族才有權在背部、臂部、腿部刺紋，而且花紋繁複華麗。新幾內亞一些部族只允許青年男子在面部刺紋，老年人才可以加刺臂、腿、胸部。毛利人正相反，只有受尊敬的長者才有權紋膠膀、上唇及額頭。波利尼西亞地區，只有社會級別高或建有功勳者才有刺繪完整紋身的特權。馬克薩斯島堪稱世界上紋身最發達的地區，那裡的貴族從頭到手指、到腳趾，乃至身體各部遍刺花紋，普通人則只能紋身於臂部。人高貴與否，一眼即知。

紋身也自然而然成為區別群體的標誌。如上所述，澳大利亞土著和美拉尼西亞人是用瘢痕的組合方式來區別的。作為一種神聖的專利，如果有其他部族的人刺繪了本部族特有的花紋，新幾內亞人會把它視為主權受侵，為此發動戰爭。

紋身與圖騰崇拜、與禁忌也有密切關係。澳大利亞同新幾內亞之間的托雷斯海峽上有一座島嶼，島民崇拜一種叫作儒艮（海牛）的動物。為此，他們從鼻尖到前額，再沿脊背而下到腰部刺紋出一條紅線，據說這條紅線就是儒艮這種圖騰的抽象標記。斐濟人中，只有全紋身者才能下水摸珍珠，半紋身只能站在旁邊看，未紋身者甚至連看的權利也沒有。這同禁忌也許有相當的關係吧！在許多場合，太平洋島民確信，紋身具有我們所能理解的「避邪」效果。

女子通過紋身以取悅於男性。波利尼西亞女子喜愛在性感的部位，如臀部、下半身，甚至於性器官上刺繪花紋，稱之為

「性紋」。這在前文中已有述及。紋身的這種功能也許只有在性情熱烈、開放的波利尼西亞人那裡才能得到充分發揮吧！

紋身，作為一門人體藝術，由於特殊的地理環境、審美觀以及對紋身之社會功能的神聖要求，這門人體藝術一度在太平洋島嶼上發展到了頂峰。當代的太平洋島民中，已很難找出一位全身紋身的人，我們只能在有關的畫冊中一睹風采了。

多姿多采的身體裝飾

太平洋島民幾乎是世界上穿得最少的人。由於常年氣候炎熱，赤身裸體是極為平常的事。在歷史上，美拉尼西亞的一些島民曾經一絲不掛，只有在接受外來文明的影響後，才勉強穿起了衣服。太平洋島民傳統的服裝只是一些簡單的腰衣、圍裙、披肩，或在身前掛一簇編織類的東西，無論男女都裸露上身。島民並不以此為恥，十分健康自然。

那些簡單原始的衣飾，或者直接採自自然物，如樹葉、青草等等，或者採用樹皮、亞麻、藤條等植物纖維編織而成。其中最為知名的就是波利尼西亞人的「塔帕」了。

據說塔帕布是用無花果樹和紙桑樹的樹皮製成的。「人們織造這種纖維布時，先用刀子在樹皮上劃開裂口，扯下又大又長的樹皮塊，然後再把樹皮的內層慢慢褐下並分鋪開來，用刮削器把它們清理乾淨後浸在水裡使之變軟，再把這些薄薄的內皮放置到工作抬上用短木棒錘打。這樣經過幾個小時，一縷細長的樹皮會慢慢展開，變得接近方形。人們只要再用鋒利的貝殼把毛邊修齊，就可以得到一塊塔帕布。幾塊塔帕布經過撚製

· 羽毛裝飾

或粗合，就成為做裙子的材料了。」[9]

　　雖然波利尼西亞男女都可以穿著用塔帕布製成的衣裙，但女子的塔帕色彩艷麗、製作精美，成為太平洋島民服飾的象徵。它不僅具有濃郁的民族色彩，而且完全採用純天然的植物材料製成，是最具環保意識的服裝了。

　　愛美之心，人皆有之，太平洋島民並不因為穿著太簡單而不裝飾自己，相反，他們的裝飾手段和裝飾品堪稱世界之最。

　　波利尼西亞人追求艷麗，他們最愛用兩樣東西做裝飾品，一是鳥羽、一是鮮花。鳥羽多被製成頭冠，據說這是最昂貴的

---

[9]　顧章義主編：《世界民族風俗和傳統文化》。

頭飾。一頂夏威夷酋長的羽毛斗篷，要用數以萬計的彩色羽毛拼紮而成，既美不勝收，又使佩戴者威風凜凜。羽毛也被紮在圍裙和項圈上，以增添衣飾的美麗。太平洋島嶼四季常青，鮮花常開。波利尼西亞人信手摘來鮮花編成花冠、項圈，或把鮮花直接插在頭髮中，夾在耳根上，塞在耳孔內，甚至插進鼻孔。吉爾伯特群島上，只有男子才穿耳孔，戴耳飾，但耳飾既非耳環，也非耳墜，而是花和葉。鮮花作為裝飾，還有許多象徵意義。有的島嶼上，從女子頭上戴花的位置，可辨別出她已婚或未婚。有的島嶼上，從青年男子耳根佩戴怎樣的鮮花，可知他是否已有意中人。

貝殼是大自然無償贈與島民的禮物，它被島民大量用來製作項圈、手鐲等裝飾品。吉爾伯特群島上的居民用親朋好友的頭髮編成帶，將它同染紅的貝殼、人齒、海豚齒、椰子殼串在一起，掛在頭、頸、腕處。他們還認為這種飾物具有超自然的魔力，如果送給所愛的人，能有效地打動對方的心靈。

紋身其實是一種獨特的裝飾，上一節已有系統介紹。除了紋身外，波利尼西亞人還發明了許多身體美化術。很多人用椰油或嚼爛了的椰子果仁塗抹全身，以增美感。他們似乎特別討厭鬍毛，除了頭髮以外，將臉上和身上的鬍毛全部用一種小巧的貝殼鉗拔乾淨。美拉尼西亞的特羅布里恩德島民也有這種嗜好。「當地人認為毛髮長在適當地方看上去才很美。人們傳統的看法是，除了頭頂留髮以外，身體其他部位都不許留毛髮。眉毛也要剃光；而且除了老年人之外，其餘的男人絕不准許留鬍鬚……過去人們一般用黑曜石剃毛，現在則用玻璃瓶碎片剃……認為身體長有多餘的毛髮是醜陋現象，因而要隨時把它

剃除乾淨。」❿

但在身體裝飾上，皮膚黝黑的美拉尼西亞人、新幾內亞人和澳大利亞土著與膚色較白的波利尼西亞人共同點並不多？前者的裝飾種類更為豐富、裝飾手法更為誇張；而且裝飾的目的性很強，並不純粹是為了美。

美拉尼西亞人不太使用鮮花做裝飾品，他們用來裝飾的材料頗為龐雜，有貝殼、龜甲、獸牙、獸骨、鳥羽，各種串著小珠或薄片的帶子和繩子，各種果實、竹片，甚至於現代生活中極為普通的玻璃片、金屬片等等。這些物品一經他們別具風采的誇張處理，果然有一番粗獷、神祕的韻味。美拉尼西亞的男子比女子更愛裝扮，不放過身體的每個部位。他們通常耳朵上戴耳墜，鼻中隔橫插木棒或者豬牙，頸上戴項圈，手上戴手鐲，腿上戴的是各種圈環和垂飾。新幾內亞島上的美拉尼西亞人是這樣打扮自己的：

> 「男子們頭上一般戴一項用動物的毛皮或布條製成的帽子，插上漂亮的雄雞毛或鳥毛、乾花枝或草枝，色彩非常鮮艷……脖子上戴的，大多數是草藤編成的圓環，也有一些是用繩線把乾果殼或金屬圓片串成的『項鍊』。腰間掛的是葵葉、椰葉等，看上去是綠葉做成的裙子。腿的下部，一般是用草藤編成的『圓環』套著，左右腳各套一個。」⓫

新幾內亞島巴布亞人及其他民族的裝束也與此大同小異。

---

❿　〔美〕約瑟夫・布雷多克；《婚床》。
⓫　段寶林、武振江主編：《世界民俗大觀》。

巴布亞人用炭末、赭石、豬油來給頭髮著色，用豬油和炭粒塗抹全身，把臉部染成紅色或黑色，用豬獠牙、鳥爪或木棒橫插進鼻中隔，胸部掛貝殼串，腕部戴用豬牙齒或獸骨穿製成的手鐲。如果手裡再拿根長矛的話，那就是一副威武雄健的武士形象了。

　　幾乎每一個部族都有自己獨特的裝飾方式，利用不同的材料，每一個人又可以依據自己的天性盡情打扮自己。處在不同的場合，裝飾手法也大不相同。太平洋島民，尤其是新幾內亞、美拉尼西亞及澳大利亞的土著居民將他們的所思所想、所愛所恨，一覽無餘地外化於千姿百態的身體裝飾上。

　　他們用裝飾表達身分與地位。只有酋長才能佩戴最鮮艷的鳥羽，才能在鼻中隔揮上或在手腕戴上最大的野豬獠牙，才能擁有最長的貝殼項圈。通過不同的裝飾，誰是年長者，誰是有

· 美麗誇張的裝扮

權位的人，極其容易區分出來。

　　他們用裝飾表現一些深奧、古老的思想觀念。新幾內亞的吉米人用光滑的黃竹做項鍊，用閃爍著綠彩的甲蟲做束髮帶，負鼠皮帽上插著洋紅色和深藍色羽毛；他們塗繪於腹部、腿部和前臂的花紋，有圓圈、方塊、菱形和折線，係取自於蜈蚣、蜘蛛、鳥喙、月亮和鋸齒形樹葉的形象。所有這些，據稱都是生育、繁衍的象徵。

　　幾乎裝飾越誇張變形，與巫術的關係越密切。「要是一個人在臉上畫上條紋，用白色黏土勾出肋骨的線條，或者戴上一個面目猙獰的舞蹈用樹皮面具，那麼他就能保護自己不受害於看不見的精靈，或者能模仿這些精靈，並從而把它們的一些力量吸取到自己身上來。」[12]在這種思想指導下，島民製造出世界上最富想象力、最具心理效果的裝飾品。新幾內亞的泥人把泥漿抹到頭上和肩膀上，做成巨大的黏土頭盔。戴假頭髮的斐濟人，用從椰子外殼裡提取的彈性纖維和人的毛髮配製成大蓬大蓬的人工假髮，有時還帶有成套的鬍子。澳大利亞土著的旅行袋裡常備有紅、白、黃等顏色的土塊，平時只在頰、肩、胸等部位點繪，遇到祭儀及要事時則全身塗繪。有親人與世長辭時繪白色，有軍事行動時繪紅色。他們相信這些彩色的線條具有神奇的魔力。巴布亞人也愛繪身，他們將土塊與椰子油混合使用。那些顏色的組合或者用來表示相對年齡的差異，或者用來記錄功勳，或者具有神祕意義。

　　美拉尼西亞、新幾內亞和澳大利亞土著更有著發達的面具文化。這些用頭骨、樹皮或泥土製作成的或逼真、或奇譎的面具分別使用於圖騰儀式、鬼靈祭祀、狩獵、戰爭、巫術、喪葬

---

[12]　〔美〕蒂莫西‧塞弗林：《消亡中的原始人》。

等等無數場合。他們用面具加上其他裝飾掩藏起真實的人體，似乎由此可隨心所欲地與自然界種種超自然的力量，合而為一了。

千姿百態的身體裝飾展現了太平洋島民豐富多彩的精神世界，他們的頭腦是活躍的、他們的心靈是充實的。當代裝飾藝術越來越傾向於從原始的粗獷奇譎中汲取靈感，証明了人類的精神越活躍、情感越豐富，就越需要具有創造性的裝飾手段以外化自己的心靈。這也反襯出太平洋島民的心智是十分豐富，絕不貧瘠的。

卡瓦酒

飲食是文化構成中一個重要的組成部分。食物在前文中已有所介紹。提起飲料，除了水以外，太平洋島民喝得最多的恐怕是椰子汁了。但這些都是純天然的。在人工製成的飲品中，影響最大、流傳最廣的當數卡瓦酒。它最初的產地是波利尼西亞，但隨即傳遍整個美拉尼西亞及新幾內亞的一些地區。每個國家都有自己的國旗、國徽、國歌，甚至有國花、國鳥，但很少聽到有國飲的。卡瓦酒被確定為斐濟的國酒，可見當地人對它鍾愛之深了。

卡瓦酒其實並不是酒，而是一種只含低度酒精成分的軟飲料，類似於我們平常所飲用的啤酒。斐濟人家家儲藏一、兩桶這樣的卡瓦「啤酒」，不分男女老幼，時時開懷暢飲。由於這種酒是用一種叫作「卡瓦」的植物根莖製成的，故而得名。

卡瓦是胡椒屬植物，其味辛辣，初喝的人可能會舌頭麻木，嗆得難受。但島民卻視同甘露。據說斐濟人每天至少喝七

升，方才感到滿足。

　　卡瓦酒是與炎熱、潮濕相適應的一種特殊飲料。一般潮濕地區的人都愛吃一點辣，以驅風濕；辛辣還能活血通氣、清涼消暑，減輕因暑熱而帶來的種種身體不適。據科學鑑定，卡瓦酒中含有十多種化合物，具有治療風濕、氣喘、痛風和腹瀉等功效，而且能清熱、解毒、健腎、止痛、抗菌、鎮靜、麻醉、降血壓、防止肌肉痙攣。既能滿足口腹之慾，又有這麼多功效，怪不得卡瓦酒能風靡太平洋島嶼了。

　　卡瓦酒的製作方式各地有所不同。現代島民將卡瓦樹根莖洗淨曬乾後將它研磨成粉末，然後浸泡在冷水中，三天之後，酒就釀成了。或者是將研成的粉末，收藏於器皿之中，到需要飲用時，將粉末倒在紗袋裡，再把紗袋裡最細的粉末篩出來放入大缸，調入適量的清水，便成為卡瓦酒。最簡便的方式是直接將新鮮胡椒根莖榨出汁來，經過調製後飲用。如果是美拉尼西亞，這件事必須由青年男子來做。他們用牙齒把根莖嚼爛，連同唾液，放到一只大木碗裡，然後在碗裡加上水進行攪拌，濾去其中的纖維質後，就做出一碗有點像稀薄牛奶一樣的卡瓦酒了。在波利尼西亞，製作卡瓦酒一定是女人的事，尤其在重大的宴會場合，卡瓦酒必須由地位高的女性，如薩摩亞禮儀公主「陶泊」本人來製作，獻酒、飲酒都有一套複雜的儀式，這套儀式被定名為「卡瓦」儀式。許多作品都留下過這套儀式的詳細記載。

　　「公主走進屋來，上身裸露，後面跟著三個排成單行的男性侍從。她盤腿坐下，侍從們在她面前放下一隻卡瓦酒碗及酒杯、濾酒器和用麵包果葉包裹著的卡瓦根。公主已經花了很多時間來嚼這種卡瓦根了。那是要一口一口嚼

成糊狀的，她的嘴可能因此疼痛著呢！

「卡瓦根從葉包中取出來後放在碗裡，掌禮公主把手指併攏，讓一個侍從從一只裝了水的椰子殼中把水倒在手指上，一個十八英寸的酒碗裡也倒滿了水……公主把手指合在一起，以優美、正規的動作把卡瓦根捏碎放在濾器上。所謂濾器，是一團撕碎了的長兩英尺、寬四英寸的纖維。她把一些淡綠色的液汁濾乾後，將濾器從她的肩上方拋給後面的侍從；侍從則像甩馬鞭似的把一些木質顆粒從濾器中甩掉，然後再把濾器交給公主。這樣反覆多次，直到細小的顆粒全部清除為止。此時，代言頭人宣布卡瓦酒已配製好了，於是在座的有頭銜的人們以緩慢的節奏鼓起掌來。」❸

如同日本的茶道，卡瓦酒的製作、品飲構成了一套複雜而精緻的過程，形成了一套完整的文化。直到現在，凡是重大場合，許多島民仍將品飲卡瓦酒作為儀式之一。凡是生、死、婚、嫁、祭祀、戰爭、迎送賓客、建築物奠基等所有大場合，都少不了卡瓦酒，它成為太平洋島嶼文化一個不可缺少的組成部分。

得寵的豬

在太平洋島民的食物成分中，肉食的比例並不高，魚類及其他海產品雖然取之不絕，但並不像牛、羊那樣，能夠成為畜

---

❸ 〔美〕愛德華‧威爾：《當代原始民族》。

牧民族的主食。島民的主食是根塊類植物，這類富含澱粉的食品要吃很多才能填飽肚子，而且寡淡無味。所以，對於島民來說，肉食才是世界上最好的美味。大多數島嶼上，人工飼養的動物種類並不豐富，主要是豬、雞和鴿子等。豬肉不僅鮮美，而且不像雞、鴿之類，幾下就吃完了，可以痛痛快快吃一回。但是，養壯一頭豬要耗費大量的時間和食物；在食物資源有限的島嶼上，豬的飼養更為不易。新幾內亞策姆巴加馬林人讓飼養的生豬白天出去覓食，晚上回來食用甘薯粉或其他食物。據估算，當一隻生豬養壯時，耗費的時間和能量幾乎與養育一口人相當。

正因為如此，世界上所有人工飼養的豬中，太平洋島嶼上的豬身價最高，最受寵愛。豬在新幾內亞人那裡，所受待遇之好，沒有一個民族或地區能與之匹敵。新幾內亞的許多地區實行男女分居，每家每戶分設男屋、女屋。男子地位高貴，可以單獨住進男屋，而女屋內則不僅僅住有女子、孩子，連豬也可以登堂入室。她們給豬分別取有可愛的名字，白天同吃同玩，夜間一同酣然入睡，真是「愛豬如子」了。

島民視吃豬肉為「至高享受」。因為他們不像我們那樣，把豬肉切開來，存放起來慢慢地吃；他們平時不吃豬肉，但一旦宰了豬，一定要一次吃光；所以「全豬宴」會在太平洋島嶼上那樣風行，甚至成為國宴上最好的菜。可想而知，殺豬就成了一件大事，甚至會伴有儀式。瓦努阿圖北部拉加島上，每年一月一日祭典的前一天，村子裡要殺一批豬，按每家人口多少平分豬肉。他們一邊殺豬，一邊舉行一個隆重的儀式。先將十頭大肥豬的腿紮在一起，然後敲起鼓，一個上身塗有白色繪彩的男子在急促的鼓聲中猛擊豬頭部，將其擊昏。接著，其他人一個個上場，分別把豬全部擊昏，再殺而取肉。據說，高超的

殺豬技術是每一個成年男子必備的素質，是成年禮上一項重要的考試。

殺豬或者是為了某一項重大活動，或者本身就構成了重大活動。新幾內亞一些部族，有專門的殺豬慶典，每隔四、六年舉行一次，其目的就是為了讓親朋好友聚在一起，共同享受這最高貴、最美味的食品。慶典前很長一段時間禁止殺豬，以保障充分的供應，以使每個參與者都大飽口福。

正因為豬具有如此崇高的地位，它自然而然超越了自身的價值，被島民賦予了許多文化的價值和象徵的含義。

首先，它在友好關係的建立中擔當重要的角色。能夠被邀共享豬肉或得到饒贈，自然被視為莫大的榮譽。託豬的福，人際友誼被不斷地建立、恢復、發展。

豬的地位反過來也抬高了人的地位。是否擁有豬、擁有多少豬與人的身分成正比例。盛大的豬宴正是財富比較的競賽場，無論是意欲出人頭地的政治新貴，還是正在失勢的酋長、族長，都拚命養豬、娶妻，娶妻、養豬；因為養豬是女子的職責，多娶妻、多養豬，男人的政治聲望就能在短期內得以恢復和提高。

野豬那彎曲的撩牙，在新幾內亞和美拉尼西亞自然歸酋長所有。他把它橫插在鼻中隔，作為至高權勢的象徵。如果得不到野豬，就敲掉所飼養公豬的上犬齒以使撩牙增加彎曲度。他們還把豬的睪丸串起來做成手鐲，戴在手腕上，以其珍貴、稀有襯托其高貴。普通部族成員得不到這樣的待遇，就把豬油連同木炭塗抹在身上、臉上，也可藉此表現一點勇武。

神靈和祖先當然比活著的人更有資格享用豬肉。因此，豬肉頻繁地出現於祭祀場合。美拉尼西亞奎歐人養豬就是為了祭祀祖先。他們計算來自父系和母系所需要祭祀的祖先有多少

位，以決定養多少豬。女性由於養豬而相對抬高了她們本來十分低下的地位，甚至積累起超過男子的財富。

生豬的飼養與宰殺是一個循環的過程，而新幾內亞策姆巴加馬林人則生活在戰爭和和平彼此交替的狀態中。事實上，在策姆巴加馬林人那裡，戰爭、和平同豬的飼養、宰殺是完全同步的伽他們相鄰的群體之間經常發生戰事，如果一方潰敗，倖存者就投奔到其他群體的親戚家裡，他們的房屋、園圃及豬等財產完全被敵人夷平。此時，戰勝的一方除了仔豬之外，將所有的豬全部宰殺，或者供祭祖先，或者分贈給曾經助戰的鄰近群體。但他們認為這還遠遠沒有還清所欠盟友和祖先物質及精神上的債務。

他們又開始養豬，以準備下一次的豬宴。這需要花五～十年的時間，豬群大量繁衍，最多時甚至要吃掉五〇～八〇％的薯類。為此園圃的面積大大增加，人的口糧受到限制，人的繁衍受到影響。於是豬宴又開始了，豬又被大量宰殺，並以舞會的形式邀請親近群體前來，一起分享豬肉。當豬被殺得差不多時，據估算會有二～三千人吃到他們的豬肉。隨著豬肉宴的結束，戰鬥就爆發了，他們又去攻打別的群體。

豬在這場與生態循環有關的戰爭中擔當重要角色，它既是一個引導行為發生的信息，又是一種控制的手段，控制人口增長、土地分配、資源流通乃至社會秩序的手段。策姆巴加馬林人就這樣利用豬來有效地調整人的生活。

形形色色的貨幣

太平洋島嶼上曾經存在過或依然存在著形形色色、五花八

門的貨幣。由於島嶼眾多，地理隔絕，語言文化的極大差異，造成了政治和經濟上的極端不統一，商品交換體系也極不發達。島民發明的各種貨幣在或大或小的範圍內發揮著作用，具有現代貨幣的某些功能，甚至可能超出現代貨幣的功能，而具有更廣泛的文化意義。

在這些貨幣中，最有名的當數石幣了。它僅存在、流通於密克羅尼西亞的個別島嶼，例如雅浦島上。其形狀像石磨盤，中間鑽了一個孔。最大的可達幾百公斤，要搬運它時，得用一根木棍穿過中間的孔，將它滾動。小一點的也有十公斤左右，用木棍穿過石孔，可將它扛到肩上。

雅浦島上並無製造石幣的材料，它們是在帛琉群島或關島定製的。關島的石質好，所以價值更高一些。從雅浦到關島有七百多公里，運輸極為困難，途中往往會遇到海洋風暴，沉船的事屢見不鮮，所以石幣極為珍貴，而且越大價值越高。人們把它放在屋旁、路邊，甚至已被作為建築材料。但它只要還存在，沒有毀壞，價值就不會改變，也不會有人去偷它，因為它是公開的，誰擁有多少貨幣，大家一目瞭然。現在雖然不再製造和運輸這種貨幣了，但舊有的仍保持其價值，可以在市場上流通。新的主人往往並不去搬動它原來的位置。由石錢代表的信貸系統，高度表現了雅浦島民的誠實。

在太平洋地區，最為常見的貨幣是貝幣。一則它在各地都可以獲取，在海島上流通時能夠得到認同；再則它有大有小，小的還可以串起來形成貝幣串，既便於攜帶，也便於折換。除了貝幣之外，其他固定的或半固定的，可以稱作貨幣或者無法稱作貨幣的媒介物就不計其數了。密克羅尼西亞人也將玻璃片、龜甲充任貨幣。波利尼西亞人用精美的羽毛編成腰帶或各種飾物，充當貨幣。新幾內亞的一些土著居民把豬肉當作貨

幣，換取生活用品；豬本身、尤其是獠牙豬就是貨幣形式之一，用於換取妻子及社會地位。石斧或金屬斧等生產工具也常常被視為貨幣。與貝幣不同的是，這些貨幣只能稱作是「貨幣物品」（即輔助性質的），其本身仍然是一種有用的物品，只不過兼有貨幣功能。

島民的貨幣具備著現代貨幣所無法擁有的一些功能，而這些功能卻是島民社會中所需要的。例如，巴布亞新幾內亞的托萊人，他們使用一種叫作坦布（Tambu）的貝幣串，坦布有標準長度，也有一些較短者做小錢用。它可用於廣泛的交易之中，在市場上購買食物或付聘禮。但它還具有另一層象徵含義：托萊人認為一個人一生的價值是由他死時坦布的分配來確定的，坦布越多，喪葬宴會規模越大，他的聲望也就越高。

現代托萊人已經相當西化了，但坦布仍在生活中占有重要地位，甚至可與國幣相交換。在聘禮、喪禮和傳統的交易場合，仍只承認坦布。當托萊人受到外來的政治壓力時，傳統的坦布就成為文化認同意識和反殖民情緒的象徵。

新幾內亞卡保庫族人（Kapauku）用瑪瑙貝做貨幣，每個人都可以用它來購買食物、豬、農作物、土地、手工藝品、勞力、醫療服務和巫術服務等，用貝殼來償付罰款，用貝殼來資助婚姻、換取名譽和權威等。但在許多新幾內亞部族中，只有低價值的貝幣才能購買物品，高級貝殼只能被「大人物」掌握，並不進入物品流通流域，只用於豪華宴、婚禮、葬禮等場合。當儀式結束後，他們把高級貝殼帶走，留下價值量相差無幾的低級貝殼。

所以，島民的貨幣與現代人的貨幣之最大區別在於它有使用場合的限制，它有通俗和高貴之分，它能購買到用現代貨幣無法換取的無形的東西——榮譽和驕傲；它本身就是榮耀和地

位的象徵，用它進行交換，等於拿人格在擔保，拿榮譽在抵押。無論是庫拉交易中的貝殼項鍊或手鐲，還是雅浦島的大石錢，都是榮耀的標誌。

在現代社會，物品的交換空前發達，貨幣僅僅蛻化為一種支付手段，它本身只是一張紙或一定重量的金屬。而高級貝殼、大石錢所象徵、所換取的榮耀、威望，在現代社會中已不再需要交換了。

在重親情、重人的威望，實施平均主義分配，交換以互惠為原則，力求建立伙伴關係的太平洋島嶼，形形色色的貨幣將這些社會期待充分表達了出來；從這一點來看，不能稱它們是「原始」的貨幣。

胖的才是美的

在我們這個崇尚苗條、減肥成風的世界裡，偏偏有一處地方反其道而行之，那就是位於太平洋南部的島國——東加。

東加國民以胖為美，胖才是高貴、尊榮，有地位、有身分的象徵。尤其是婦女，越胖才越顯得漂亮。據統計，東加女子平均身高是一·六米，平均體重為一八〇公斤。她們心中的美女絕不是窈窕身、楊柳腰，恰恰相反，是脖子粗短，沒有腰身，下蹲時顯得十分困難。女子如果腰身太細了，只能用布一圈圈纏起來，外面再穿上裙子加以掩飾。俊男應有的形象是肥頭大耳，肚子高高挺起。國王是全國最胖的男子，據說曾達到過近四百公斤，堪稱當代最胖的君主。不論男女，也不論已經有多胖，大家都「努力加餐飯」，吃了又吃，胖上加胖，整個國家成為胖子的天堂。

東加人之所以容易發胖，一來與他們的體形有關，再則與他們的飲食習慣有關。東加人屬波利尼西亞人種，身材高大，體格強壯；這種體形容易使人發胖。東加人平時的主食是薯類植物，這種食品富含澱粉，必須吃很多才能吃飽，這樣就形成了他們特有的好胃口。

　　東加人平時不太吃肉食，到了星期天，或有豪華宴的場合，則放開肚子大吃一通，這種飲食方式容易把脂肪積澱下來。作為一個君主國家，國王當然是全體國民的楷模。平時，國王不斷接到來自國民的奉獻，其中大多是上等的根塊植物及美味的豬、雞、魚等肉食品，久而久之成了大胖子。百姓則積極效仿，以胖為美的審美觀終於在全國蔚然成風。

　　太平洋島嶼其他地區雖然不像東加那樣愛胖如命，但總的說來，也是傾向於以胖為美。尤其是波利尼西亞人，他們骨骼粗大、四肢勻稱、身材魁梧。雖然在青年時期，身材也修長、健美，但隨著年齡增長，會發生顯著變化。男子軀幹粗壯、大腹便便，波利尼西亞人認為這樣才顯得舉止落落大方、神態穩健高雅。女子同樣高大魁偉，她們以粗腰大腿為審美標準；雖然沒有刻意去追求肥，但健壯受到讚賞，瘦弱受到鄙薄，這是毫無疑問的。北至夏威夷、南至紐西蘭的毛利人，都視壯碩為一種體面的身材。

　　已無法追究當代東方人、西方人為什麼都會一致視瘦為美，視胖為醜。但有一點不言而喻，在這個地球上，美並無絕對的標準，審美觀因民族、文化的不同而出現差異。在一定範圍內，大多數人讚賞、追求的觀念就是美的觀念。我們無法將自己的審美觀強加於其他民族和文化。文化的多元才構成了這個世界的精彩，審美的多樣才使美的內涵更加豐富。關鍵是不能走向極端。為減肥、為苗條拚命縮食，導致營養不良而喪身

的事屢有所聞，甚至成為當代的一大社會問題。同樣，那些認為越胖越好的東加人由於受到糖尿病、高血壓、心臟病及行動不便的威脅和壓迫，也開始適度修正自己的審美觀了：以胖為美，但不是越胖越美。

不同的文化應該經常相互觀照，這樣往往可以覺察到自身所處文化的種種侷限與不足，不為文化的弊端所約束。但願身寬體胖者能夠像東加人那樣樂在其中，不必為一種審美觀的約束而自慚形穢。

有所失才能有所得

在太平洋島民的傳統生活中，有一種不可思議、非常流行的現象，那就是自殘的行為。

居住於新赫布里底群島馬勒庫拉島上的南巴人有著複雜的等級制度，被稱作「尼門琪」（Nimangi）。不僅男子之間有高低等級之分，女子之間也同樣存在社會地位之差異。但女子如果想抬高自己的身價，卻必須做出相應的犧牲。例如：「一個南巴人的妻子又想要晉升到『埃林加』（Elingd──『尼門琪』中第四高的等級，就必須心甘情願犧牲一顆門牙。在這種痛苦的儀式中，她的丈夫或是另外的男親戚用一根短棍頂住她的牙齒，用石頭敲打這根棍子，使牙齒鬆動，然後用手拔出。之後，把一根綠色的樹梗在火塘的餘燼裡燒熱，塞在拔掉牙齒留下的餘洞裡，以止住流血，但止不了劇痛。」[14]

社會等級分層已相當發達的塔希提島，聯姻時講究門當戶

---

[14] 劉達成編：《當代原始部落漫遊》。

對，禁忌身分不同的男女結成姻緣，更不准生育他們的孩子。但是，到了非要結婚不可時，只能由雙方的父親去氏族神社舉行「贖罪儀式」，由雙方的母親進行「血祭」。其方式是，先用鯊魚牙齒刺傷自己的面頰、眉目，讓鮮血流淌出來，再將鮮血塗到錢幣上，然後將這種浸有雙方母親之鮮血的錢幣貼於新娘腳面，儀式即告完畢，標明兩個家族的門第已趨一致。如果不搞「贖罪」與「血祭」，那麼生下的孩子就一定要殺掉，以獻祭神靈。

在一些與宗教有關的儀式上，自殘是一項不可缺少的內容。例如澳大利亞土著的圖騰儀式上，幾乎都有放血的舉動。在有的部落，男子們身上塗滿動物脂肪，用彩土繪上各種與圖騰有關的圖案，再從身上放出血來，將鳥羽蘸著鮮血，貼於圖案周圍。阿蘭達部落袋鼠圖騰儀式中，青年男子刺破靜脈，讓血流到象徵袋鼠的聖石上。似乎不付出血的代價，儀式就不神聖。土著在圖騰儀式期間，還常常絕食、絕水，不說話、不思想。這種自我克制的舉動其實也是自殘行為。

自殘行為在成年禮上十分多見。澳大利亞土著的成年禮幾乎是自殘禮，它以割禮即割包皮手術或打落門牙為儀式中心，同時伴隨著紋身，穿透鼻中隔，經受痛打、火烤等一系列殘酷的考驗。新幾內亞、美拉尼西亞及印度尼西亞部分地區也一樣，只要存在著成年禮，自殘現象就或多或少，形式各異地穿插在其間。

自殘現象在葬禮上最為多見。新幾內亞的一些土著，在葬禮上往往一邊大哭，一邊用刀子刺割自己的臉部、手部、身體，以流血的方式表示對親人的哀悼。流血越多，表明悲痛越甚。居住於新幾內亞西部印度尼西亞境內的巴布亞人在為男死者送喪時，要砍下死者一位女性親屬的左手手指，作為陪葬。

所以那一帶婦女左手缺一個至幾個手指的事屢見不鮮。

葬禮上的自殘現象在東加人那裡走向極端。當一個人死後，送葬者「百般摧殘自己的身體……他們用火在身體上烙燙圓圈和傷疤，用石頭敲打自己的牙齒，還用鯊魚的牙齒撞擊頭部，直撞得鮮血汩汩直流。他們甚至還用長矛扎進大腿，刺進兩脅，穿透面頰，桶進嘴裡。嚎啕大哭的婦女則會砍去她們的手指，割破自己的鼻子、耳朵和面頰。」**⑮**特別是在國王的葬禮上，這種自我折磨到了瘋狂的地步。

一七九七年四月，東加莫穆王駕崩，當時到東加傳教的第一批傳教士目睹了整個葬禮。在準備安葬國王屍體的那一天，大約有幾千人聚集在陵墓旁。傳教士聽到一陣吶喊聲和螺號聲後，很快出現了一百來人，「他們手持棍棒、長矛衝進了這塊地方，然後就開始以一種駭人聽聞的方式砍割撕打自己的身體。許多人用手中的棍棒猛擊自己的頭部，敲擊的聲響之大，使三、四十碼以外的人都能聽見這強烈的敲擊聲。他們不斷敲打，直敲得鮮血汩汩直流。那些手持長矛的人則用長矛猛刺自己的大腿、手臂和臉頰……當舉喪者對這種自我折磨已感到滿足並且也累得精疲力盡時，他們就坐下來，用拳頭不停地捶打自己的臉，然後才一一退場。緊接著又有第二批人以同樣的方式殘酷地折磨自己。隨後是第三批人擁進墓地……走在最前面的四個人手拿石頭敲掉自己的牙齒，而吹螺號的那些人則把螺號當刀使用，拚命砍劈自己的腦袋，讓人看了心驚肉跳。一個手持長矛的人用長矛刺進手肘以上的臂部，讓長矛緊緊地插進肉裡……幾個小時後，天色已至下午，這時傳教士又來到墓地，卻發現土著居民仍在那裡不分男女地繼續施行著慘不忍睹

---

⑮ 〔英〕詹‧喬‧弗雷澤：《永生的信仰和對死者的崇拜》。

的自我砍打活動……他們當中有的人甚至把兩支、三支，甚至多到四支長矛扎進自己的手臂，然後就帶著身上的長矛來回跑動狂舞。在狂舞時，有的人居然把長矛的矛頭折斷在肌肉裡。」❶

　　傳教士還目睹了許多慘不忍睹的自殘舉動。當自殘行為演變成互相競爭時，東加人無所不用其極，除了棍棒、石頭、刀子、螺殼外，甚至用鋸子鋸自己的頭蓋骨，用箭穿透自己的臉頰。似乎只有使用了最殘忍、最離奇的手段，才能博得眾人的喝采和最大的心理滿足。

　　怎樣去解釋這些不可思議的奇風異俗呢？顯然，它絕非偶然的舉動，而是一種得到社會讚賞、認可的具有深刻含義的文化行為。在其他民族中，如果遭遇了挫折，人的需求得不到滿足，人的心理受到重壓時，也會做出自殘的行為，但絕不可能像太平洋島民那樣頻繁，那樣劇烈。在島民的心靈深處，似乎有著強烈的「自我犧牲」情結，在遭遇恐懼、憂慮、痛苦、悲傷等精神壓迫時，主要通過自殘以求得迅速的情緒轉移或化解。簡而言之，即人如果想得到什麼，必先失去什麼。人如果想擺脫心理困窘或精神壓力，必須以肉體的犧牲為補償。困窘越深，壓力越大，相應的犧牲也越甚。至於這種犧牲何時由男子承當，何時由女子負擔，則由他們的社會角色來決定。

　　對於這些慘無人道的舉動，我們的文化價值觀是加以否定和批判的。但對島民來說，自殘行為卻得到社會的讚賞，成為一種榮譽的舉動；它非但不可怕，而且還能換取更為值得的心理滿足與平衡。從某種角度上講，它具有化解社會矛盾和調整

---

❶　〔英〕詹·喬·弗雷澤；《永生的信仰和對死者的崇拜》。

社會心理，以促使社會趨向穩定的特殊作用。

透明的魚

太平洋島嶼上絕不缺乏藝術。在世界藝術史上，相信有充分的篇幅可以為島民的藝術專列一章，而且是極富特色的一章。島民具有發達的美感，創作出許多具有獨特魅力的作品，這些作品所散發出來的感染力正越來越被世界其他民族接受和讚賞。

太平洋島嶼上並無專職的藝術家，也談不上為了藝術而創作，但並不能因此否定藝術活動的存在。其實，島民的紋身，島民的服飾、面具，島民的歌舞，乃至島民的神話創作和敘述方式，都是藝術活動有機的組成部分。在我們看來，島民的日常生活有許多可以列入「藝術」的範疇。正是這種不知藝術為何物的隨心所欲之創作，反而使島民能夠不受拘束地去抓住藝術的真諦。

島民的藝術直接為生活服務。從造型藝術來看，它或者是為現實生活中的各種用品提供裝飾，或者直接在宗教儀式上發揮作用。他們沒有發展出一門類似於西方油畫、東方水墨畫的規範形式，而是採用各種各樣的材料，把藝術遺留於各種各樣的載體上。

澳大利亞土著用各種彩土作為顏料，在岩壁上、洞穴內、石頭上、木器上、樹皮上、地上以及人體上作畫。白膠泥或石膏提供白色，赭石提供黃色和紅色，木炭提供了黑色。他們既不用藍色，也不用綠色；在他們的語言中，這些顏色同黃色一

樣稱呼。

　　岩洞內的畫大多是寫實和具象的，它們是神話、巫術的圖解，其中有描繪漁獵的魔法以及男女交媾的愛情魔法。從其宗教的意義和功能來看，這些與歐洲舊石器時代的洞穴壁畫十分相似。澳大利亞北部，這類畫多描繪於石洞頂部，給人以目眩神迷的神祕感受。在澳大利亞西北部，「有一種叫作『汪吉納』的畫，那是一種鬼氣森森、臉色慘白、碩大無朋的畫像，長著長睫毛的黑眼睛和黑黑的好似玉米棒的大鼻子，可是沒有嘴巴。」❶❼

　　歐洲洞穴壁畫是極其傳神和寫實的，而澳大利亞土著的寫實卻具有極度的誇張性。或者如「汪吉納」，是一種扭曲了的寫實形象；或者像 X 光一樣，連體內的骨骼、血脈也一覽無餘地反映出來，成為超

　　現實主義。超現實主義作品多為飛禽走獸、游魚爬蟲。它不僅被描繪於洞穴岩壁上，也是樹皮畫的主要類型；不僅存在於澳大利亞，也發現於新幾內亞。巴黎人類博物館即收藏著好幾條這種全身透明的魚，它們是新幾內亞人的樹皮畫作品，魚的骨骼、心肺、胃腸、血脈隨同軀體，一起清清楚楚地出現在同一畫面上。究竟是為了什麼，要創作出這些類似於生理解剖的圖案？恐怕並不是為了做解剖示意吧！我們很難想像創作者最根本、最原始的動機，但它作為一種獨特的藝術表達方式，受到了許多現代藝術家的青睞，被廣為模仿。

　　澳大利亞土著最多見，最流行的藝術形式是幾何裝飾圖案，如點、同心圓、螺旋線、曲折線、直線及三角形、四角形的排列組合。當這種圖案裝飾於「丘林噶」等聖物上時，它具

---

❶❼　李樹藩、王科鑄主編：《世界通覽》下卷。

有各種各樣的象徵含義，如蛇、青蛙、水池、樹、人以及神靈游動的痕跡，依圖案可以詮釋出完整的意義來。土著喜歡將圖案布滿畫面，無論是物體還是人體。在沒有幾何圖案的地方則用顏色鋪底。圖案的設計雖然簡單粗拙，但卻構思精巧。例如他們繪身時能準確地依據身體的線條和輪廓，分別布置縱向的長波紋、橫向的曲波紋或橫斷的平行線。當土著再戴上頭飾，跳起科羅博里舞時，這些線條隨著人體一同構成流暢的畫面，極富動感之美。

　　美拉尼西亞人和波利尼西亞人雖然也有許多圖繪裝飾，但他們的雕飾更為精采，其中以獨木舟船頭和木槳上的雕飾最為豐富和典型。這些由千變萬化的幾何圖案構成的雕飾同澳大利亞土著的圖繪一樣，喜歡將畫面布滿全體。這些圖案既繁複多變，又層次分明，通過線與線、面與面的相互複合、交叉以及排列的疏密、參差和連續，形成了優美而富有變化的抽象畫面，產生出獨特的韻律和節奏之美；其無窮的組合方式中不知融進了多少代人的智慧。

　　太平洋島嶼最知名的造型藝術是人像雕刻。大多數情況下，人像是鬼魂或神靈的象徵。其中最為巨大的就是復活節島上那些不知來歷的石像。波利尼西亞人將人像進一步演變成為一種普通裝飾，雕飾於屋柱、船隻、狼牙棒、權杖上，另外還會做成掛飾。人像的形態因島嶼而異，但有一點相同，那就是高度的誇張和變形，用最簡練和最具對比的形式表達最豐富的內容。人像中頭部是中心，手、腳、軀幹被簡化、縮短，甚至取消。而頭部的五官中，耳朵也是可有可無的。新赫布里底群島上的人像，甚至嘴巴都沒有，鼻子也變成一根垂直線，最突出的是兩個眼睛，用兩個圓圈來表示，臉被刻劃成三角形和菱形。這種形象在新赫布里底具有特殊的含義，它是鬼魂通常的

臉形。

　　毛利人的雕像頭部碩大，占整個人像的二分之一。如果臉上刻有波浪形的紋身，一定是首領的形象。圖紋越細密，標誌身分越高。其他臉部標誌的有無並不重要，甚至連眼睛也可以沒有。馬克薩斯島的木雕和石雕同它發達的紋身藝術一樣，具有表現優美曲線的高超技巧。那些浮雕人像有著一對大得出奇的圓臉和一張跨越整個臉部的嘴唇，毫無表情，軀幹上布滿曲線紋飾。這類對人像做裝飾化處理的風格在其他太平洋島嶼的人像創作中也很多見。

　　不管人像強調的是體軀的細部裝飾，還是頭部五官的極度變形，島民的雕刻具有明確的目標性；即只強調一點，而忽視其餘。顯然，這種雕像極不真實，十分粗拙，但卻把作者的意旨強烈地傳達出來，顯示出高度概括的技巧。

　　根據需要，島民還為人像配上用羽毛、草木製作的附屬裝飾，或再加彩繪，成為一種複合藝術。其實，島民並不關心他在從事什麼藝術，只要作品能夠把神祕的宗教式感受盡善盡美地表達出來，作品就成功了。採用何種材料或手法，是否注意比例或結構，都要為能否表達心靈意象服務。藝術歸根結柢關心的是精神世界。從這一點看，太平洋島民可說已經抓住了藝術的真諦。

原始的藝術

　　如果依據風格和表現手法的不同，將世界上現存的藝術做大的分類，應該主要有三種，即東方的藝術、西方的藝術和「原始的藝術」。後者指的是物質文明尚不發達的非洲人、太

平洋島民和美洲土著的藝術。「原始」並不表明其藝術是低級的、幼稚的，相反，「原始的藝術」也是一種高超的藝術，與東、西方藝術一樣輝煌的藝術。

記得當代中國畫大師張大千與西方著名畫家畢加索會見時，畢加索說過這樣一段意味深長的話：「要論藝術，首先要數你們中國人有藝術。其次是日本有藝術，而日本的藝術是從你們中國傳過去的。再其次是非洲人有藝術。而我們歐洲人，毫無藝術可言。」

這段話看似偏頗，但如果站在這樣一個角度：即藝術等於作家的想像力加留給讀者的想像力，我認為是可以理解的。

東方的藝術可以中國畫為例。中國人用毛筆將線條鋪陳到宣紙上，平面構圖，散點透視，從一開始就沒有想過要追求外形逼真。因而，中國畫有利於作家個人情感的流露和宣泄，也有利於欣賞者參與理解作者的情感，並投注自己的情感。它留給作家和讀者想像的餘地都很大。但中國畫要求創作者和欣賞者在哲學和文學上都有很高的修養，想像力的表現和領會都有一個深入思索、慢慢品味的過程；故而賞畫也可稱之為讀畫。

西方的藝術可以油畫為例。作家們使用沒有彈性的硬筆，將色塊堆積到畫布上，立體構圖、焦點透視，從一開始就將追求最大程度的真實感作為基本要求。因而它限制了作家個人情感的發揮和流露；也就是說，你首先要畫得相當真實，才能談得上傾注作者個人的情感；對觀眾而言，又因一目瞭然，而限制了想像力的發揮。

如果說藝術的目的在於最大限度地表現人的情感，那麼情感的流露必然以想像力為橋樑，成功的藝術在於將各種藝術手段做最富想像的調遣。從富有想像力和表現力來看，東方藝術和「原始藝術」是一致的，而古典的西方藝術則相對遜色。

怪不得，畢加索說西方沒有藝術，怪不得從上個世紀末開始，反傳統的畫家如印象派的塞尚、高更、梵谷，野獸派的馬蒂斯以及畢加索本人都稱頌、學習東方及「原始」的藝術。也正是由於他們對西方傳統藝術的反叛，使他們成為真正的西方藝術大師。

「原始」的藝術可以其中最為發達的人像雕刻為例。其特徵是為了自由地宣洩作者的情感，而肆意打破三維空間現實的結構，以極度的誇張和變形達到奇特的視覺效果。「原始」的藝術和東方的藝術都強調情感的流露，但東方藝術的情感是含蓄的，必須用腦子去釋讀，而「原始」的情感卻是外露的，讓你在瞬間接受強烈的感覺刺激。

「原始」的藝術在技巧上也許沒有東、西方藝術那麼發達，也沒有專職的藝術家，但人人都可以是藝術家。他們用心靈創作，表現宗教式的真摯情感。故而，雖然顯得粗拙、樸實，卻有一番純真、迷人的美，容易打動人心。

「原始」的藝術強調原始的衝動，把作者最強烈、最根本的感情表達出來，讓觀賞者直接、當下得到情緒的震動。因此它同兒童畫十分相似，全力以赴地尋求直覺意趣。在作品中，凡是意趣所需的部位，必然得到不遺餘力地強化，與意趣無關的部位則省得不能再省。至於表現技巧，則是高度的簡潔明快，強調重點，抓住特徵、大刀闊斧，一筆都不想多餘。

「原始」的藝術表現的多是超自然的世界，因而人像其實是神像。它不是常人的面孔，所要引起的是陌生感而非親切感；所刻劃的不是人的表情，而是神祕世界中與神溝通所可能出現的感情。因而人的五官和身軀，其比例與結構不可能受現實支配，只有任意誇大縮小，變形扭曲，才能拉開人神之間的距離。換言之，「原始」藝術就是要將人類最熟悉的東西陌生

化，使之遠離現實。通過人像表情和姿態的無限多樣性，表現神靈世界的活躍、喧鬧和有力。本來就帶有宗教崇拜情緒的人類在接受這種外形化的強烈視覺刺激後，就能更加迷狂地投身於自己所營造的神祕感受之中。讓現代藝術家傾倒的不是人像面部表情或姿態語言之豐富，而是原始人可以用無窮無盡的表現方式表現同一個主題。那些被各種各樣宗教情緒所激發出來的想像力及這種想像力最恰到好處的表現，是「文明」藝術中難以看到的。

當然，由於文化的不同，「原始」藝術中非洲人的、美洲土著的及太平洋島民的表現風格也大不相同。

非洲黑人的雕刻作品充滿動感和活力，極度誇張的造型中，彷彿蘊含著極大的能量，雖然這種能量是神所擁有的，但反映出的卻是創作者開放、活躍的情感，最終表現的是人。

美洲瑪雅人雕刻的都是真正的神，妖魔鬼怪似的神，形象凶暴、野蠻殘酷的神。表面看來雜亂無章，沒有絲毫連貫性，唯有中國古代青銅器的奇特紋飾才與此相似。但事實上，無論古代中國的青銅紋飾還是瑪雅雕刻，在外形的雜亂和渾沌下都有著某種統一的原則和連貫的秩序，彷彿人神之間雖然存在著極為強烈的對抗，無法用理智的力量加以控制，但最終仍然是協調有序的，只不過這種協調是對立著的協調。

太平洋島民的藝術則柔和得多，雖然他們也有豪放粗獷、強調力度、奇異怪誕的作品，如復活節島上的石像，但一樣具有夢幻般超凡脫俗的特徵。太平洋島民喜用曲線和螺旋形，人像表情稚拙而木訥，不像非洲人或瑪雅人那樣劍拔弩張。這也許同島民以一個個相互間隔的島嶼為生活單位，群體之間的衝突與群體之間等級的區分雖然存在，但不像非洲人、美洲土著

那樣劇烈，所以表現人神關係時顯得若即若離，既神祕又抒情，反映出島民相對和平的文化環境和純真寬厚的性格特徵，表現的意趣和象徵的範疇較之非洲人和美洲土著更為寬廣；反映在藝術上，便形成了既脫俗又具人情，既狂放又質樸，既浪漫又神聖的純真之美。

Chapter 8
「原始」與「文明」的變奏

神祕的巨石建築

太平洋島嶼上的居民作為當之無愧的海上民族，不用說，享有「世界上最偉大的水手」之榮耀。但從他們的建築來看，除了適應特殊環境的種種措施值得稱道外，並沒有什麼驚人之處，相比而言，還顯得較為草率和簡陋。

令人不可思議的是：密克羅尼西亞的加羅林群島、馬里亞納群島及波利尼西亞的東加，歷史上卻留下了一些宏偉的巨石建築，儘管這些建築早已成為一片廢墟，被茂密的熱帶叢林覆蓋，但仍可想像當年的壯景。

加羅林群島上有兩處巨石建築，其中規模最大、最壯觀的在離波納佩島東部海岸的梅塔拉尼姆港（Metalanim Hantour）以南不遠的礁湖上。在礁湖的淺水區上，五、六十個主要是人工建築的長方形小島拔地而起，佔地約廿六平方公里。那兒現在已成為毫無人煙的荒蕪之地，當地人認為是鬼神居住的地方。這些小島有的用玄武岩柱的石牆圍起來，有的覆蓋著玄武

岩石。小島與小島之間用運河網貫穿起來，形成了一座威尼斯城。運河的寬度僅夠一隻獨木舟通過。有一道結實、牢固的防海大堤向深海延伸，以保護這座迷宮般的城堡。海外還有兩個島嶼，也可看到防海堤向南綿延達數公里。

其中最值得一提的小島由一大一小兩座長方形建築構成，大的套住小的，建築用牢固的石牆圍起來。庭院外牆長一八五呎（約五十六米），寬一一五呎（約卅五米），高度從二十呎到近四十呎不等（約六～十二米）；內牆則呈與外牆平行的四邊形結構，邊長為八十五呎（約廿六米），寬七十五呎（約二十三米），牆高十五至十八呎（約四‧五～五‧五米）牆的厚度大約八呎（約二‧四米）。內庭院中間是一個地下室，約二‧五米深，頂部用六塊巨大的玄武岩石板做成。外庭院也有三個同類型小地窖，最深的達三‧六米左右。庭院內原有的建築早已變成斷垣殘壁。粗大的榕樹把根鬚插入石牆的每一處縫隙，隨著根鬚的不斷長粗，石塊之間的壓力不斷增大，牆面不斷坍塌，形成新的廢墟。

建造這座石頭城的石材是玄武岩稜柱，其平面數從五至八不等，表面看不出有任何工具切削過的痕跡。當地的貝殼斧碰到這些石頭就會破碎。據說這些石頭採自波納佩島北海岸，再用筏子環繞海島運送過來。問題是這些石稜柱大多體積龐大，長可達四米、寬可達〇‧八米左右，想必重達上千公斤，沒有先進的工具是難以開採和運輸的。

另一座巨石建築群位於勒拉島（Lela）。同波納佩島一樣，它也用石頭砌成圍牆，形成庭院。圍牆高大而結實，石頭上絲毫沒有手斧雕琢過的痕跡。不過這座島嶼上的石頭建築在設計與建造上要粗糙得多，當地人也並不把它視為鬼神出沒的地方而加以迴避。

專家們認為這兩處巨石建築都是同一個民族或一個同源的民族建造的。但要建造起這樣宏偉壯觀的城堡，必須聚集一支人數相當可觀的工匠隊伍，在一個偉大、懂建築的首領指揮下，歷經數十年的艱苦勞動才能完成。這在古埃及也許可以想像，而對於交通不便，人口稀少的海島來說，這支龐大而嚴密的組織只能是從天而降。

　　為什麼要建造這些人工島嶼和石頭城堡？後來為什麼又廢棄了？石頭城是為誰而建的？那支神奇的民族是否存在？這些都成為難解的歷史之謎。而瘋狂生長的雜樹和荒草正在加速吞噬的過程，能揭開謎底的信息越來越少。

　　吉爾伯特群島的土著居民稱為查莫羅人。那裡的平民住在用樹葉蓋的茅屋裡，而貴族的大屋子則建築在石砌的椿柱上。這些椿柱高約四米，底部最寬的達一米，椿柱上部呈巨大的半球形，直徑有二米。椿柱分排成兩行，每行六根，格外引人注目。沒有一根椿柱倒塌、破裂和散碎。令人驚奇的是，這種堅固的石頭椿柱是混凝土，由砂子和石灰的混合物製成，而且會越來越堅硬。島民從哪裡學到這類技術？為什麼沒有傳播出去？這也是歷史之謎。

　　東加國王的巨石墓冢也是一奇。東加有許多小山似的巨石建築物，那是歷代東加王的墓室。「其中最大的墓室地基長一五六呎（約四十八米），寬一四〇呎（約四十三米），由底部到頂部有四級台階。一塊石頭組成一級台階的高度，石頭的一部分埋入土中。有些矮牆石大得出奇，我測量了一塊，有廿四呎長（約七·三米），十二呎寬（約三·六米），二呎厚（約〇·六米）。」❶這些石頭都是珊瑚石，砍鑿得極好，表面平

---

❶　〔英〕詹·喬·弗雷澤：《永生的信仰和對死者的崇拜》。

滑，側面垂直。不知道東加的工匠們是如何把它從珊瑚礁上弄下來的，至少現代東加人如果不動用機械化工具就很難做到。而這些墓室的建造是在鐵器工具傳入東加之前。珊瑚石來自於其他島嶼，用獨木舟運來，再用滾軸把它拖到建墓的地方。現代人所能知道的只有這些了。

　　東加還有用巨石建造的紀念性建築物，它與英格蘭著名的史前建築——三石塔極為相似。它位於一處荒蕪人煙的地方，其中兩塊豎立，第三塊平放在兩塊豎石頂上。三塊巨石都是堅硬的單塊珊瑚石。「它們各自的高度估計有十四、十六呎（約四到五米），前後的寬度約為八～十呎（約二‧五至三米），甚至為十二呎（約三‧六米）。不過它們似乎向上逐漸變細，因為它們的底端有十二呎寬（約三‧六米），而頂端估計有七呎多寬（約二米多）。豎石的厚度看來有四呎（約一米多），兩石相距約十至十二呎（約三至三‧五米）。據報導，安放在兩塊豎石上的橫石有二十四呎長（約七‧三米），四‧五呎寬（約一‧五米），二呎厚（約○‧六米）……每塊豎石不會少於五十噸重。」❷

　　東加三石塔的間距比英國三石塔大得多，橫石嵌進豎石中的深度也比英國三石塔更甚。英國三石塔是太陽神殿，而東加三石塔坐南朝北，並非坐西朝東，不對著日出的方向，所以它不是用作太陽崇拜。究竟用了什麼工具開採和拖運這三塊巨石？如果先豎起兩塊，再撐起一塊各達五十噸重的巨石，就是現代也非易事，古代東加人為什麼能夠做到？它又和什麼崇拜有關？有人認為，無論是加羅林群島的，還是東加的巨石建築，憑藉現存土著民族的實力都無力承當，它是另一支處於高

---

❷　〔英〕詹‧喬‧弗雷澤：《永生的信仰和對死者的崇拜》。

級文明狀態的較早民族的傑作。如果這支民族果然存在，那麼，他們今天又在何方？

復活節島之謎

　　從地圖上看，加羅林群島位於大洋洲的西北角，復活節島則處於西南角。地理相隔如此遙遠，卻都存在著巨石奇觀；只不過一個用巨石壘起城堡，一個把巨石化作雕像。

　　復活節島是一座孤獨荒涼的島嶼，周圍沒有其他的島與之相伴。它雖然被劃入波利尼西亞區域，但離開波利尼西亞的中心還有相當遙遠的距離。當一七二二年荷蘭海軍上將羅格文率艦隊於復活節的第一天（四月六日）發現它時，便用復活節為之命名。這座呈三角形的島嶼面積不大，只有一二○平方公里。波利尼西亞的大多數島嶼都有著極為豐富的動植物資源。與之相比，大自然對復活節島的賜予稱得上「貧乏」二字；這裡沒有樹木，沒有河流，只有一些荒草，野生動物只有老鼠。島民的主要食物是一種叫作「庫馬拉」的甘薯。當然，漁業很發達。但該島海岸陡峭，海上又常有風暴，所以捕魚是一項很艱辛的勞動。以前的島民居住在半地穴的茅屋裡，甚至就住在洞穴裡。他們也建造一種像倒放著的木船那樣的長形房屋，長可達一百米以上，上面再蓋些乾草或樹葉。由於沒有樹木，木材要從外面運進去，所以他們的獨木舟也做得很小，而且是用短木拼接起來的。

　　然而，就是在這樣一座窮困荒涼的小島上，卻有著震驚世界的奇蹟。這就是那些巨大的來歷不明的石像。從未有人見過島民雕造石像，現存的島民也不知道石像的來歷。他們是波利

尼西亞人，在較晚的歷史時期才登上島嶼。早在公元四世紀，復活節島已有人居住了，石像應該是他們的作品。他們是一支文明程度相當高的民族。現今的土著居民稱呼此島為「世界的中心」。這個頗有氣派的名稱是不是也是那支已經消失了的民族留下來的呢？

不管如何難以想像，這座荒島上的確矗立著或躺倒著近五百座巨大的石雕像。準確的數目應該更多一些，因為有些雕像已被埋在地下。在一處火山口，還躺著一五〇多尊未完工的雕像，及石鑿、石斧等工具。

這些雕像有些被擱置在寬闊的海岸，有些仍然生根於作為採石場的火山口。除了石像以外，島上還有一些石砌的牆壁、台階和廟宇，表明這些石像與某項龐大的宗教儀式有關。

復活節島的四周是一望無際的海洋和天宇，寂靜和安謐籠罩了一切。石像才是這座島嶼的真正主人，他們有著碩大的頭部和身軀，身上刻畫著紋身般鳥禽的紋飾，沒有腿，身軀直接與巨大的石頭平台連接在一起；他們有著長而巨大的鼻子，最長可達三～四米。耳部有著長長的耳垂。有的還戴著巨大的石帽，最大的一項可達二‧五米高、三米寬；他們都昂著頭、抿著唇，雙手生硬地垂在兩邊，緊貼著肚子，表情冷峻地仰望著天空和大海，彷彿有一種痛楚的感受。千百年來，任憑風狂雨暴，巋然不動。

復活節島上充滿著謎。首先是石像不可思議的巨大。它們都用整塊石頭雕成，最大的一尊達廿一‧八米高，光頭部就有十一米，，鼻長四米，但是尚未完工。已雕鑿完畢的石像最高的達十～十二米，重量達二十～三十噸。普通的石像也有五～六米高，四、五噸重。另外還有一些一‧五米左右的小雕像。石像往往並排站立於同一個石台上。這些宛如祭壇的石台，也

·復活島巨石人像

格外驚人,最長達六十米,高三米。波利尼西亞地區雖然也有石雕,但並不風行,至於雕鑿得如此巨大,更是復活節島獨有。

石像究竟代表的是誰?是神靈,是死去的首領,還是天外來客?究竟是什麼人,於什麼時候,用何種方式雕鑿、搬運和吊裝?為何要將石像製造得如此高大、雄偉、沉重?這就是復活節島上的歷史之謎。

復活節島是一座荒涼的孤島,其自然資源遠較加羅林群島匱乏,人口也比加羅林群島少得多。據測算,島民的人數最多時也不會超過四千人,而島上的資源以及可能獲取的海上資源只能給二千左右的人口提供食物。如果僅僅使用遺留於火山口的石斧、石鏟等原始工具,而沒有金屬工具或先進的設備,很

難想像能雕鑿出這些數量龐大而壯觀的巨像，因為即便現代人利用先進技術也非易事。

同加羅林群島上的巨石城堡之謎一樣，讓人不可思議的是，復活節島從哪兒去招募一批為數相當壯觀的工匠隊伍？這些人的吃住問題如何解決？他們的社會組織又是如何？可惜島嶼上沒有留下能夠說明這些問題的歷史遺蹟。島上沒有樹木，無法製造運送巨石的滾木；即便有滾木，島上高低起伏的地勢也會帶來種種不便。那些距離採石場幾公里之遙的石像，難道是自己走過去的嗎？還有石像的豎立，石帽的吊裝安放，以及加工、磨光，都是浩大的工程。這一切如果發生在已建立起龐大王國的古埃及或古中國也許可以想像，但出現在這區區小島上就無從解釋了。有趣的是，復活節島歷史上一定發生過一場重大的變故，因為有相當多的石像被打翻在地。這有可能是地震、火山、海嘯等自然力所致，但也不排除人為的破壞，那麼破壞者手中也一定掌握著神奇的力量。他們又是誰？為什麼要這樣做？

自從復活節島上的石像被世人發現後，探險家、人類學家、民族民俗學家、海洋學家、火山專家以及旅遊者蜂擁而至，竭力希望找到解開復活節島之謎的鑰匙。有的人認為，在太平洋中部曾經存在過一塊大陸，後來被海水淹沒了，現在的島嶼都是以前的山峰。在這塊大陸上出現過一個強大的帝國，復活節島是國王和貴族們的葬身之地。現代的波利尼西亞人就是那支已消亡的古文化代表者的後裔。有的人依據島上貧乏的自然條件和人力條件，認為不論是古代還是今天，島民都根本不可能是石像的製造者，石像只能是天外來客的作品。也有的人努力尋找種種証據，証明歷史上的島民完全有能力獨立塑造這些石像。它們既與「古代帝國」無關，更非「天外來客」的

遺物。凡此種種，都有為自圓其說而主觀臆造、誇大事實之處。復活節島之謎仍然是千古之謎。

復活節島之謎非僅石像一項，島上還產生過一種至今無法正確釋讀的古文字。這是種已經相當完善的象形文字，刻劃於小木板上。朗戈——朗戈人（精通咒語的人）一邊念誦咒語，一邊擊打這類小木板。當歐洲人剛剛上島時，普通人家家裡也有很多這種刻有象形符號的條板。在這之後，復活節島人不斷被外族擄掠，天花等疾病則幾乎使土著絕種。這一方面使絕大部分條板遭到毀滅，另一方面也使懂得其神祕含義的土著居民帶著歷史之謎走進墳墓。

從字體上看，朗戈—朗戈文字最近於古埃及象形文字；從書寫文字的材料看，更近於古代小亞細亞赫梯人的古文字；從書寫方法看，與南美印加帝國以前之古印第安人文字相似。將它與中國古代甲骨文、古印度文字與愛琴海克里特島文字進行比較，也有相似之處。

匈牙利科學家赫維什驚奇地發現，公元前三世紀古印度文化（摩奧覺——達羅文化）的文字與復活節島的古文字有相同之點。開始時他找出一百個相應的符號，後來增加到一百七十多個。這十分令人不可思議，因為兩地相距二萬公里，時間間距也太長，可橫跨上下兩千年。但赫維什的發現得到了相當多學者的支持。從而也就有理由提出這樣一種假設，波利尼西亞文化與南亞文化有著淵源關係。

不管是石像，還是古文字，都說明復活節島上曾經有過相當高的智慧，只是這種智慧後來消失了。如果能夠恢復這些智慧，不僅僅是解開了歷史之謎，也許對於現代人的智慧也有相當大的幫助。因為這可能是兩種不同體系的智慧，復活節島上那些不知去向的智慧民族用他們的方式創造了世界奇蹟，也許

· （復活島巨石人像排排站列著）

其手段在某些方面比現代人更高明。

當夕陽西下，巨大的黑色雕像沐浴在落日餘暉之中，碩大的身影長長地拖在地平線上。每一位上島的現代人都被一種強烈的不安和壓抑感緊緊攫住，石像那略略上翹的鼻子和向前突起的嘴唇似乎透露出一絲鄙夷的神情。他們什麼都知道，但什麼也不說。

現代振興運動

十九世紀及二十世紀上半葉，西方列強及其他一些發達工業國家在全世界競相開拓殖民地，不僅僅亞洲、非洲、拉丁美

洲，太平洋諸島同樣不免被奴役的命運。十九世紀以前，歐洲的冒險家如果發現了一個島嶼，僅僅是插上國旗，標誌它歸誰所有，對島民的生活並不產生影響。而十九世紀以後，伴隨著基督教的傳播、人口的被販賣、礦藏的被開採以及殖民政府的建立，島民越來越明白，美滿、寧靜的生活不再歸來，以自我為世界中心的自傲心理早已打破。他們的尊嚴受到踐踏，被視為「原始人」而受排斥、鄙視與侮辱。殖民者一邊奴役他們，一邊又用自己的宗教和生活方式去影響他們。絕大多數土著心頭留下的是悲憤和渴望振興的強烈衝動。

振興運動在這一個多世紀裡曾經遍及所有殖民地，它是一種有目的、有組織、規模龐大的群眾運動。其特點幾乎都是以宗教為組織手段，以擺脫殖民奴役為口號，以激烈的舉動試圖一下子將整個不合理的社會系統加以改變。在有些地區，振興運動意在拯救消亡之中的傳統價值觀，恢復到過去的「黃金時代」中去。例如，北美洲密蘇里河上游一度人口眾多、勢力強大的曼丹（Mandan）印第安人，因天花和白人的侵襲而一蹶不振。但越是這樣，他們越是要搞盛大的宗教儀式以維持文化的整合與認同。在太平洋區域，新幾內亞和美拉尼西亞此起彼伏的振興運動，則顯然意識到傳統的習俗、價值和儀式已無法給自己帶來好運，於是島民果斷地拋棄了它，或者將它僅僅作為象徵。他們修正自己的信仰體系，希望建立一個新的光榮而自由的「黃金時代」。

新幾內亞和美拉尼西亞的振興運動與「船貨崇拜」相聯繫。這運動是將白人的物質財富視為目標，依據預言的指示和先知的領導，迅速改變現實生活和盡早進入「黃金時代」。

二次大戰期間，太平洋島嶼是美軍與日軍爭奪的重要場

所，大批物品從船上和飛機上被運下來，其中除了武器以外，還有各種各樣的食品和生活用品，如罐頭、衣服、金屬斧子、毛毯、手錶、收音機等等。土著看呆了，他們把這視為魔法。於是先知出現了，他預言：只要修建機場和碼頭，舉行魔法儀式，就可以使精緻的物品進入他們的社會。先知預言所有遵照他教誨的人都可以獲得大量財富。於是，追隨者進入一種幻覺的狀態，他們如痴如醉地舞蹈，大肆破壞現有的財富。他們相信白種人手裡的財富都是他們祖先創造的，白種人作為另一個世界的人，他們是祖先的使者，來世的美好生活將建立在源源不斷輸送而來的工業產品上。在新幾內亞，樹民在叢林中開出一塊簡陋的場地，用樹幹、樹枝搭起飛機的模型，虔誠地祈禱著運送禮物的大鳥降臨，期待著白種人捧著禮物從裡面走出來。在美拉尼西亞的一些島嶼，先知告訴信徒，他們將蛻去身上的黑皮膚而變成白人。信徒們滿懷信心地建造碼頭、船塢與巨大的倉庫，以存放他們期待中的貨物。他們樹起木頭的「無線電桿」，架起用手杖充數的天線，然後對著馬口鐵罐頭說話，用這種「無線電」通知施主可以降臨了。

這些運動在新幾內亞和美拉尼西亞頻繁地發生，據說光新幾內亞就有五十多起，而且產生的時間也不僅僅在二戰期間和二戰以後。

一九一九年，新幾內亞海岸的埃萊馬人（Elema）爆發過一場運動：「所有的人陷入集體的『迷晃』，令人想起中古歐洲黑死病流行時舞蹈病患者的身心狀態。人人失去四肢的控制，醉酒般蹣跚而行，最後終於沒了知覺。到底是誰創造出這一套意識形態並不清楚，但其要點是相信祖先會回來，帶著整船歐洲人的物品——小刀、衣服、罐頭、斧頭等等。以戲劇性的儀式與寬大的男子聚會場所作為生活焦點的社會，卻在反傳

統的浪潮中毀掉神聖的鳴器與其他聖物。埃萊馬人放棄平日的耕種，全力準備迎接祖先的來。」❸

這些歇斯底里的舉動在塔納島表演得最為充分。那位先知叫作約翰・弗羅姆。他於本世紀三〇年代來到位於新赫布里底群島中的塔納島，自稱來自於南美洲，穿一件美國陸軍夾克式的鈕釦閃亮的外衣。他宣稱，世界將要發生翻天覆地的變化，大地將要發抖，高山將要倒下，大海將要縮回去，塔納島將和其他島嶼相連，一個繁榮昌盛的時代將要到來。他贏得幾乎所有土著的狂熱崇信，沒有人再去上基督教堂，沒有人再聽從英國統治者。大家競相拋出英國貨幣，胡亂購物，大肆揮霍，或者把錢乾脆扔到海裡，因為未來的王國將有自己的貨幣。這一狂熱雖然暫時受到英國人的壓制，但到了二戰期間，島民看到大量從天而降的軍用物品，更加相信了約翰・弗羅姆的預言，從而使每一艘經過塔納島的外國船隻都被當作救世主駕到而受到空前的歡迎，怎麼解釋也沒有用。

「船貨崇拜」是兩種文明相碰撞時必然出現的社會效應。尚處於較低級農耕、漁獵時代中的島民實施的是互惠性的社會經濟制度，他們不懂得現代工業社會如何組織起來，也不懂得產品如何生產、分配、交換。對他們來說，物品如何被製造出來並不重要，在分配時卻應按照互惠性的原則人人有份，而不應該白種人富足，島民窮困。如果想要解決這個矛盾，就必須依賴魔法，像變戲法似地把物質財富變到自己手中。他們雖然排拒了許多傳統文化，但一些根深柢固的意識是無法改變的，例如自然範疇與超自然範疇的同時存在、魔法的神奇作用等等。殖民統治者為了勸說組織「船貨崇拜」的那些先知放棄不

---

❸ 〔美〕R・M・基辛：《文化・社會・個人》。

切實際的想法，曾組織他們去參觀澳大利亞的工廠和商店。想不到先知們回去以後，比以往更加確信他們的信念：不是沒有存在物質財富，而是被白種人拐走了，或祖先目前不允許他們獲取巨大的財富。

島民的文明與現代工業文明的反差實在是太大了，他們遵循的是兩種完全不同的智慧體系。當島民直面現代技術文明時，他們力圖運用傳統的智慧加以理解、認同，並為擺脫痛苦的命運而付諸行動。就像八、九十歲的老太太看電視時會認為電視裡的人直接在和她說話一樣，這並不能說老太太沒有智慧，而是其固有的智慧在進行消化和理解。儘管預期的貨物不會到來，儘管「船貨崇拜」看上去像一場毫無理智的鬧劇，但它卻是一場革命，給組成社會的基本面，如領導形式、勞動分工和宗教習俗在驚人的短時間內都帶來巨大的變化。許多地方，在這些古怪的表演之後，是社會改革和經濟發展更實際的嘗試。「船貨崇拜」稱得上是一場純宗教的試圖解決社會危機的群眾運動，但它卻引發了思維方式、生活方式、政治與社會體制改造運動的到來。這場運動和超自然的干預已經沒有什麼關係。太平洋的那些現代獨立島國都產生於這些新興的政治運動之後。

給世界留下一方純淨的天地

歷史上，美、德、英曾為瓜分薩摩亞島而長期爭戰。一八八九年三月十六日這一天，德國的艦隊無情地炮轟不從屬於其管轄的薩摩亞村莊，美國派出艦隊前去阻止破壞。但就在這時，一場強烈的風暴席捲了阿皮亞（Apia）海港，三艘德國艦

隊和三艘美國艦隊同時受損沉沒。目睹此景，薩摩亞人毫不猶豫地跳下水去拯救，不管交戰雙方，均一視同仁。他們體現出了最高尚的人道主義精神。

自從世界列強侵入太平洋諸島，數千年來安寧平靜、與世隔絕的田園般的島民生活發生了巨大的變化。

首先是種種以前從未遇到過的疾病如感冒、肺結核、梅毒開始蔓延成災。幾乎任何一個成為殖民地的島嶼都曾經歷過人口大量減少的悲劇。疾病、人口販賣以及被屠殺是人口銳減的主要原因。薩摩亞人在一八五〇年之前，人口曾經達到八萬，歐洲人入侵後開始劇減，在經受住文明的考驗後才又慢慢恢復活力，於一九四七年恢復到八萬三千人。復活節島因受天花的侵害，幾乎全部死絕，到本世紀中期，僅剩下一百五十位土著。整個島嶼於一八九一年出租給智利的一家公司經營，成為一個大牧場。現在島嶼上外來人口遠多於土著，遙遠的神祕文化即便對於土著而言，也變得十分陌生了。

毛利人在紐西蘭曾同英國殖民統治者展開長達數十年的戰爭，儘管毛利人英勇善戰，最後仍不免被逐步趕出家園，毛利人的一半被屠殺。在殘酷的殖民統治下，死亡率迅速上升。但毛利人又同時大大提高出生率，用刺激繁衍這種生物最基本的手段來對抗種族滅絕。

也有一些島民完完全全從這個地球上消失了。例如，塔斯馬尼亞人，在被歐洲斬盡殺絕前，至少有數千人。當初他們最早見到白種人時，態度極為友善，絲毫未見野蠻和凶暴，然而殖民者卻將捕殺黑膚色的塔斯馬尼亞人作為一種「樂趣」。「獵捕黑人是殖民者喜愛的運動。他們擇定日期，邀請鄰居參加野餐……餐後，這些紳士就帶著槍和狗以及從流放犯中挑選出的兩、三個僕人，到森林中找黑人……有時他們射中一個女

人或一、兩個男人。」「幾個黑人帶著妻子和孩子聚集在村子附近的凹地上⋯⋯男人圍著一個大火堆坐著，婦女則準備負鼠肉和袋鼠肉的晚餐。他們猝不及防地遇著一隊士兵。這些士兵沒有預先通知他們，就向他們開火，然後衝上去把受傷者打死。」❹就這樣，到一八四○年，真正的塔斯馬尼亞人只剩下十一個人。一八七六年，最後一名叫作特魯加尼娜的塔斯馬尼亞女人死去了。

　　歐洲人像販賣非洲黑奴一樣販賣太平洋島民，或把他們拉去為其開採礦藏、撈取珍珠等珍貴的海產品。二次大戰以後，美國、法國為了在太平洋區域開闢軍事基地和核試驗場所，把島民強迫遷移出他們的故鄉。比基尼島因美國用於做原子彈和氫彈試驗，島民已永遠不可能再回到那塊美麗的島嶼上去了。由於傳統的生活方式遭到破壞，大多數島民只能依賴有限的自然資源對外進行不平等的交換。

　　同世界上其他地區的殖民地一樣，島民為了維護自己的傳統文化和生存權利，同外來入侵者進行過尖銳的鬥爭。但他們並不死守傳統，在接受外來文化上，他們比其他受殖民統治的民族更為迅速。樂於接受新鮮事物尤其是波利尼西亞人的民族性格。英國探險船起先遭到塔希提島民的襲擊，但一旦知道不是對手，塔希提島民上船後的第一件事就是測量艙內所有陳設的大小，甚至察看椅子上每個榫頭的長寬，以便模仿。他們迅速引進了歐洲人的武器，用於部族間的爭戰。他們也大量採用歐洲人的語言，同自己的語言混合使用。當歐洲人的服裝被帶進太平洋區域後，傳統的身體裝飾很快受到衝擊，紋身不再像

---

❹ 〔蘇〕C・A・托卡列夫、C・II・托爾斯托夫主編：《澳大利亞和大洋洲各族人民》。

以前那樣發達，島民採用歐洲人的服飾作為最富新意的裝飾手段，一度大為流行。

至於宗教，當傳教士竭力找出島民的傳統信仰和基督教之間的某些共同點後，絕大多數島民皈依了新教。石砌的教堂在茅屋叢中格外醒目，悠揚的頌歌在椰林中迴蕩。

在殖民者眼中，島嶼上的許多種族遲早會絕種，因為外族的征服帶來了巨大的破壞，古老的生活方式與歐洲文明之間又難以跨越，所以肯定無法適應。但事實上，大多數島民顯示出高度的彈性和適應能力。他們雖曾一度瀕臨絕種，但一旦從壓迫和蹂躪中喘過氣來，便迅速而靈活地適應了新環境、新生活方式和新機會。美拉尼西亞托萊人就是融合新舊的成功典範。這是一支在殖民時代出現的民族，今天已成為巴布亞新幾內亞最繁榮有力的文化力量。他們的政治特色是既保持傳統中的有效成分，如通婚、設宴、儀式等，又建立起西式的權力機構：他們的經濟特色是既致力於發展現代商品生產和交換，又強調「坦布」這種具有民族文化象徵意義之貨幣的持續使用。太平洋島嶼在加速追趕現代文明的同時，不忘記給絕大多數的島民一如既往地提供一個互助溫馨的社會環境。

雖然歷經人間滄桑，但太平洋島民善良、純真的天性卻絲毫未變。他們在敵人面前雖然嫉惡如仇，但從不玩弄陰謀、爾虞我詐。因而薩摩亞人即便看到仇敵遭難，也會奮勇相救。毛利人與英國人作戰期間，有一次，毛利人把英國人的一個大隊包圍了，卻把許多糧食送給英國人，使他們不至於餓死，並把進攻的日期預先通知英國人。

當有人向毛利首領獻計奪取正在運送中的英國人的武器和糧草時，毛利首領笑道：「為什麼？你真傻！如果我們奪取了他們的彈藥和食物，那他們怎麼作戰呢？」可見毛利人的智慧

具有道德的色彩，必須服從是非的判斷。

　　直至今天，島民仍然保持心胸坦蕩、熱情好客、忠厚謙遜、溫良易處、同甘共苦等等優良品德。在這片世界上最美麗的區域，島民同大自然一樣純潔，很少有令現代「文明社會」煩惱的社會病。例如，盜竊、賭博、吸毒、自殺、乞討、人口販賣、恐怖行為等等。雖然島民在性觀念上十分開放，但生活方式並不因此而放蕩頹廢，色情行業並不因此泛濫。

　　當代人面對日益惡化的自然環境和社會環境，當倍覺這片純淨天地的美麗與珍貴。

結束語 PREFACE

　　有兩個命題，歷史越向前發展，得到理解和贊同的人，就會越來越多。

　　其一，越是民族性的東西，就越具有世界性。就像珍稀動物在即將滅絕時，人類才充分認識其存在價值，並不遺餘力地去保護它一樣。人類的文化和智慧曾幾何時雖然交相輝映、多姿多采，但進入現代社會，除了「科學文明」一枝獨秀、蓬勃今展外，其他的智慧都不同程度地在消亡、在毀滅，處於奄奄一息之中。然而，如果這個世界只有一個文化，一種智慧，那就太單調了。多元的文化和多樣的智慧是這個世界充滿活力的源泉。所以，越是即將消失的文化和智慧，就越是需要加以保護、發掘和欣賞、理解。智慧既沒有高下之分，同樣也沒有美醜之別。由於人類思維方式的多樣性，民族風俗的差異性，根據我們的價值觀和道德標準被認為是邪惡、不可想像的事，到了另一個民族那裡可能變成正確和值得欣賞的事。我們不這樣做，並不等於別人也不可以這樣做。文化相對論的觀念和寬容開放的心態是每一位跨入廿一世紀的人士所應該具備的。其實，智慧也是在比較中產生的。對生活於其他社會形態中之人們的生活方式了解得越多，無論是對方的長處，還是自身的優點都越能得到深入的透視。局限於一個特定的社會，講一種特定的語言，只會容易滋長以自我為中心的民族偏見。

　　其二，科學是萬能的嗎？科學在給人類解決種種矛盾的同時，又帶來許許多多的矛盾。例如，生態環境的破壞、社會疾

患與人類生理、心理疾患的加劇等等。科學所關注的目標從某種意義上講是「近視」的，因為它很少教人全面、長遠地去考慮永恆、終極的問題。也許有人會說，後者是宗教所關心的話題。但將宗教與科學極端區分開來是現代社會才有的事。在古代，在太平洋島民那裡，生活方式和思維方式必然與信仰，即與關注終極的宇宙觀相連。

「宇宙論的信仰在科學上的精確性並不是重要的問題，重要的是信仰能否誘導出有利於行為者的幸福，以及有利於生態系統的保持行為。就長時期而言，精確、科學的解釋甚至可能具有反面的生存價值。我們並不能肯定科學對大自然的了解，比起指導馬林人和其他『原始民族』行為的世界觀（其中包含了他們所崇敬的精靈）來，文然更具有適應性或功能性。事實上，科學的解釋可能更不具適應性，因為將大自然蒙上超自然的面紗，也許更能夠保護大自然以抗拒人類的偏狹和破壞。」❶

返璞歸真、無為而治，回復到太平洋島民所曾經歷過的那種寧靜、不變的生活中去，顯然是消極和不現實的。但靠竭澤而漁換取短暫的幸福，也是魯莽的舉動。社會越向前發展，人類智慧越應該具備多元性和互補性。毋庸置疑，太平洋島民的智慧也應該在其中閃耀光彩。

---

❶　〔美〕R・M・基辛；《文化・社會・個人》。

國家圖書館出版品預行編目資料

太平洋島嶼的智慧，曹峰 著 -- 初版 --
新北市：新視野 New Vision, 2019.11
　　面；　公分 --
　　ISBN　978-986-98077-6-0（平裝）
1.島嶼文化　2.大洋洲

774.3　　　　　　　　　　　　　108015087

太平洋島嶼的智慧

曹峰　著

主　　編　顧曉鳴
企　　劃　林郁工作室
出　　版　新視野 New Vision
責　　編　林郁、周向潮
　　　　　電話：(02) 8666-5711
　　　　　傳真：(02) 8666-5833
　　　　　E-mail：service@xcsbook.com.tw

印前作業　菩薩蠻數位文化有限公司
印　　刷　福霖印刷有限公司

總 經 銷　聯合發行股份有限公司
　　　　　新北市新店區寶橋路 235 巷 6 弄 6 號 2F
　　　　　電話 02-2917-8022
　　　　　傳真 02-2915-6275

初　　版　2019 年 12 月